李可 讲 著

服膺启夫子

启功的人生智慧

新星出版社

NEW STAR PRESS

图书在版编目（CIP）数据

启功的人生智慧：服膺启夫子／李可讲著 .—— 北京：新星出版社，2014.8

ISBN 978-7-5133-1573-9

Ⅰ．①启… Ⅱ．①李… Ⅲ．①启功（1912～2005）－生平事迹

Ⅳ．① K825.72

中国版本图书馆 CIP 数据核字 (2014) 第 147538 号

启功的人生智慧：服膺启夫子

李可讲　著

特约编辑：北　人
责任编辑：罗　晨
责任印制：韦　舰
装帧设计：李　强　曹　玲

出版发行：新星出版社
出 版 人：谢　刚
社　　址：北京市西城区车公庄大街丙3号楼　　100044
网　　址：www. newstarpress.com
电　　话：010-88310888
传　　真：010-65270449
法律顾问：北京市大成律师事务所

读者服务：010-88310811　　service@newstarpress.com
邮购地址：北京市西城区车公庄大街丙 3 号楼　　100044

印　　刷：北京京都六环印刷厂
开　　本：880mm×1230mm　1/16
印　　张：15.25
字　　数：150千字
版　　次：2014年8月第一版　2014年8月第一次印刷
书　　号：ISBN 978-7-5133-1573-9
定　　价：38.00元

启功先生执笔像

（1912 — 2005）

目　录

附 录

真人生　大智慧

老　愚

坊间流传的启功轶事颇为可观，而且个个精彩，但这些段子串起来，给人的却是一个漫画式的人物：风趣，智慧，但不乏油滑，圆滑，狡猾，总之似乎有点邪气。仔细琢磨后，我发现这跟解读有关。如果不能将本事复原于特定的情境中，必经由他人的附会而走样。对名人，我们习惯于夸张、想象，极而言之，我们也这样杀死了诸多大师。

启功先生辞世不过五载，随着字画价格的飙升，本人也迅速成为传奇。一个真实的大师，在市场的哄抬声中悄然变形。如果我们不能了解一个真实的人生，就无法从他的人生经验里获得任何教益。

他是真人，一个遵从本性生活着的人；其次，才是学者和书法家。他不是为了成为大师而来到人世的，他也不是为了身家排行榜而挥毫泼墨的。

被人诟病的"自谦"与"自贱"集于一身，恰是启功的智慧之处。他要跟俗世保持距离，又不愿伤害别人，就使出了此招，委屈的是仁者自己。

李可讲先生作为一个目击者，所言应该不虚。

启功先生的故事，可以有这样的叙述法，可谓别开生面。文字读来趣味横生，满口留香。虽也有几近拍案而起为大师辩护之处，但作者大体以委婉解读飞白，谨慎小心，生怕误读了大师，误导了读者。如此这番对大师人生的解读，不能不令人敬佩。

本事有案可查，但有系统的解读，此书当算第一本。

在动乱频仍的中国社会里，如何安身立命、保有真性情，启功先生可谓范例。作为中国文化的守护者和符号，他儒雅、内敛，甚至连写打油诗开玩笑的嗜好都去掉了，小心翼翼，恭恭敬敬，在俗世与内心之间设置了一道坚实的隔离墙，治人者即使能感觉到他不驯服的存在，却很难抓到一点把柄。

"和光同尘，与世无违"。在内心里，他是安静的。他会给自己讲道理服从强权，然后说服自己的妻子接受自己独特的逻辑。从不向执政者提意见却被戴上右派帽子后，老伴时常伤心哭泣，他虽心里也有委屈，但他深知革命的逻辑，他对妻子讲的一番道理让人动容——"算了，咱们也谈不上冤枉。咱们是封建余孽，你想，资产阶级都要革咱们的命，更不用说要革资产阶级命的无产阶级了，现在革命需要抓一部分右派，不抓咱们抓谁？咱们能成'左派'吗？既然不是'左派'，可不就是'右派'吗？"

他的超脱通达甚至达到令人诧异的程度。当得知一个素来交恶的人即将西行，他欣然预备了一幅温情的挽联，称两人之间有"缘"。人生如戏，最后都要走下台，善缘恶缘都是无法取舍的缘。谦己让人。启功先生真是可爱极了。

委屈的时候，他自有对付的办法。他先前认为王羲之的《兰亭序帖》为真迹，在接到证明《兰亭序帖》为假的授意后，他先是应付着，在权势者屡次逼迫后，他才按照其意旨撰文附和，但附和的逻辑是这样：你说是那样，按照你的要求，就是那样。把启功"我是非常拥护的！"这句话理解为"曲学阿世"是容易的，但重要的在于能设身处地体会他的态度。他不是个战士，从来就不是。翻译家杨宪益说："启功有旗人的特点，跟老舍一样是怕事的人。性格上就是怕事。"这个"怕事"讲的就是不与人争的和善，给别人面子也保全自己的尊严。我以为这是一种做人的美德，尽管在某些追求效果的人眼里，有些"小"罢了。他们不想把自己从人群中张扬出来，变成某种标签供人膜拜或待价而沽。

即使金刚怒目，也是和婉的，进退极有分寸。书中提到一个细节，北师大某会议室挂有巨幅毛泽东诗词《满江红》的影印手迹，后来这张手迹被摘下来，学校请启先生写一幅补空，夫子当面推委了，理由是他不会写那么大的字，作者底下听到夫子的真理由是——那个地方，我不敢写。

关于毛泽东草书的价值，作者请教夫子："先生，毛主席的草书，刘文杰先生说一件就顶他收藏的全部，是从艺术上说么？"夫子说："毛主席的草书那当然是好哇。""那您觉得呢？"夫子说："我是心服口也服。""那您也评论一下呵。"夫子说："要说批评，就是那些人当时搞得就他一人能写了。"这就是他的批评方式。你能妄说启功先生没有态度吗？

不能说话时他一个字也不会说，比如七十七岁时遭遇的那场政治考量。

索要笔墨的人侵扰不已，启功先生写谢客令仍不能停歇，便躲进招待所，甚至隐身钓鱼台。被逼债如此，自叹可怜——可怜的恐怕更是索要者。而当为老师陈垣先生设立励耘基金时，他可以一次书写交出百张作品。平时有电工、司机求字，他亦慷慨赐之。碰到赝品制造者，他还体谅对方难处。他有人之常情，也懂人之常情，才有此圆通。但内心是抵抗官势的，拒绝被官方所利用。这种态度是幽默的，甚至装傻。他的冷在脸上，只一沉，便到了沸点。

人生的智慧深似大海。他是时时逃避"做戏"，比如抽身而出不奉陪官员的"取棉袄"，在为他祝寿的新潮生日会上，他不悦而退。在他面前，鬼魅伎俩一戳即穿。

安于当下，行于当世，一点一滴尽在其中。他的不得已，不得不。

好的传记，除了陈述主人公是什么，精彩之处就在于讲清楚主人公的不得不。从这个意义上说，此书称得上一部别致的启功先生传记。

此外，可讲兄还发现了启功先生的两大贡献："第一个定律，是结字规律——中国字并不横平竖直，而且有四个'中心'"！"第二个定律，是关于汉语声调——中国话象火车开过一般铿锵。这种抑扬的、铿锵的语言，发展到律诗，就形成规律确定的格式。这格式就是诗的'格律'。那不是规定，是平仄有机排列的必然。夫子由此推导出律诗的格律，指出格律的本质。"

可讲兄的身上已然印有启功先生为人的痕迹，而且愈来愈浓。他自称早年是一个张狂之徒，接触启功先生后，耳濡目染，才幡然醒悟，非昨日之我，始信人生有大道。"现在我已经知道，唯其夫子已经学过想过做过，我就可以埋头向着夫子，只顾依样葫芦。先做起来，一切不管，以希望终究有一点提高。"由此观之，他所言启功先生的人生智慧可以"善我生"当不为虚言。

谨以此为序。

虎年十一月初四于北京车公庄

题　记

　　玉不琢，不成器；人不学，不知道。是故古之王者建国君民，教学为先。《兑命》曰："念终始，典于学。"其此之谓乎！

——《学记　第十八》

　　玉琢方成器，木揉始作轮。

　　勤学为君子，不学为小人。

——［明］范受益《寻亲记》

称　谓

从有关称呼的事情说起。

启功先生的谦己与恭敬，是出了名的。先生称呼别人，一定用敬。他老先生学问大，在各种场合、对各种人物的敬称形式多样，总能称呼得文雅而不迂腐，恭敬之外还要高看一眼。这称呼我看往往有些言过其实，但不全是奉承的意思，敬人有礼之外，还包含一层善意的期许。这其实是一种被我们忽略了的文化，是符合人心的文化，这种文化的不传不是因其"过时"，而是因为丧失了谦敬的环境。现在的环境，这种文化已经演变成了见人就称"领导"，廉价甩卖一样，匆忙而且直接。

启功先生在世时，大家当面多称呼启先生。启先生做了七十多年的教师，这"先生"，是学生——先生的先生。也有称启老的，透着更加尊敬和一些正式感，启先生有时会回以"岂（启）敢"。这是启先生的说话风格，谦己，不受别人的过谦，还风趣。

有叫启老师的，那是弟子，主要是启先生教授古典文学的及门弟子。别的人这样称呼，不是启先生当不起，而是有些"傍大师"以自诩的嫌疑。

身边一些亲近的人，背后说起来称"老头儿"。

流行的风气是称呼职衔。有称呼"张处"、"王局"的，也有称呼"张总裁"、"王大队"的。启先生有很多学界和社会职务，头衔还都不小。在启先生这儿，没听到过有人称呼先生的职务、官衔。

有些公共场合，启先生被直呼"启功"。现代传媒，无论怎样的大人物，都是直呼其名。其大块文章颇有可删之处，对人的称谓却总是惜字如金，那也好象没有什么。不过私下，启先生还是有些一贯的讲究。

一件，启先生有很多同侪好友，本也是文化大家。其中有一位，相处之间颇有些粗陋，老先生总是"启功长启功短"地当面直呼。中国人的名，是师长叫的。朋友相熟，可以不用敬称，须直呼其字，才是道理。同辈如此称呼自己，启先生听得莫可如何，对于有名无字的我们，已经不能直接体会，那感觉，我们需要想象一下。

另一件，别人给启先生来信，觉得有过分的敬称，先生就将原信敬称字样剪下寄回，回信讲明"敬璧"。这个谦己的办法，别处我没见过。

黄苗子先生曾经对启先生抗议说：什么人物，也值得您"启

◀ 夫子习惯地拱手。在学校举行的夫子 92 诞辰庆祝活动上。
可讲摄影　2004 年 7 月 26 日
北师大英东学术会堂

▼ 夫子送客，在浮光掠影楼外。
章景怀先生提供 原照经可讲编辑图片

▶ 松瀑高人图，启功先生、黎雄才先生合作于 1983 年。
夫子于此图题跋说："雄才教授写云外高人，启功补景并书坡诗。"由画幅可见夫子的说话方法。有人老实，一定说这是山水补点人物，就不懂同样的话，在各人有自己的说法了。
私人收藏 可讲摄影

功敬题"？夫子不反驳，说，我是改名叫"启功敬"了。

夫子并不是所有场合都"启功敬题"，可见不过是比苗子老的标准宽些。事情都有个界限，虚化一些，放宽一些，灵活一些，是夫子的做法。给人写字的时候恭敬，不妨朋友聊天时诙谐。

这好象过去"两头大"的做法。中文过去是竖写向左，右为上。而满文，是竖写向右，左为上。所以有很多汉满文对照刻碑，中文在右，满文在左，满汉皆满意，这也是"两头大"。

扯开了。中国说中日关系，日本说日中关系，这是都在追求自己那头大。

再一件，启先生晚年眼睛不好，受人请托题写书名，有用集字的情况。出版社请求启先生为陈垣老校长的全集题签，我用电脑集好"陈垣全集"四字，请启先生过目。先生用笔画了样子：陈援庵先生全集，下署受业启功敬题。并且，"受业"两字低一格。启先生交代说：出版社再行设计是人家的事，我是一定要这样写的。

启先生有件随笔手札：

刘墉于人无称谓，上款每书某某属，不得已而有称谓者，又无求正之语。曾见其为果益亭书联，上款题益亭前辈四字；为铁冶亭书册，上款题冶亭尚书鉴五字。故余于刘宜，但呼其名。

刘罗锅官大势大，说话写字有时自信过度。这样，启先生

"但呼其名"，有意轻慢，就是一件文雅有理的事情了。

启先生永远自居于一位教师，老先生自己做过一种名片，我在上世纪八十年代见过，印象深刻。这是一张名副其实的"名片"，上面只一个手写的名字。

我私下称呼老先生启夫子——老"老师"嘛，经纶满腹，风采循循。后学如我只能白云在望，高山仰止。称呼夫子，是敬服与尊崇，好比称呼孔夫子，我以为只表示我的恭敬，是单向的，最能表达我对启先生口服心服的感情。

刻墙拓人无揉谓上款安出某
屑不得已而有揉谓失文无不正之
语岂见匙而果益亭出联上款
益亭高挥四字而减治亭出册上
款题治亭当出鉴五字故余於刻
官但评生名

北京师范大学

启功

▶ 夫子 1980 年代名片
▼ 夫子批改集字原件，
约于 2004 年初。
可讲收藏

◀ 夫子手札
花笺纸本

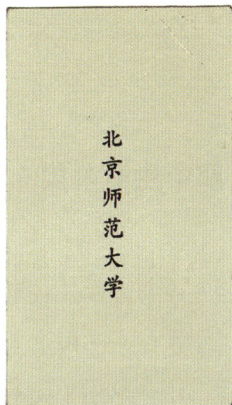

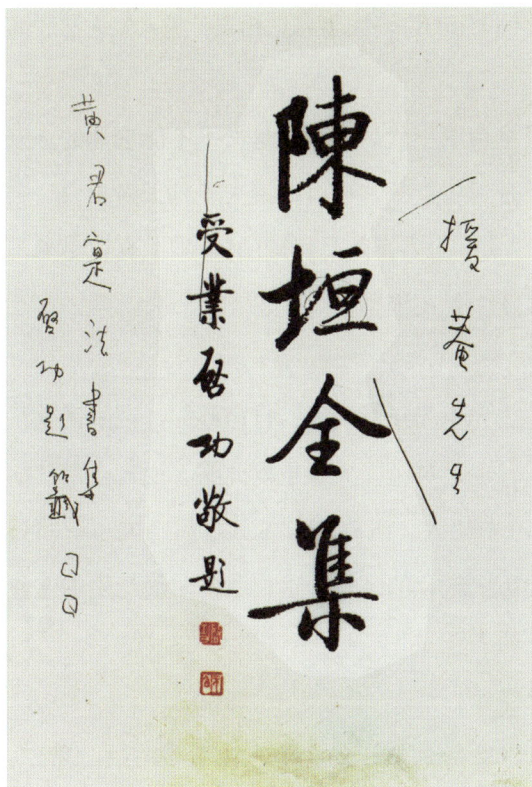

黄君宜之
法书集
启功题藏
己丑

陳垣全集

受业启功敬题

四个生命阶段

夫子生于 1912 年 7 月 26 日，逝于 2005 年 6 月 30 日。这差不多是刚刚过去的整个二十世纪——每个人都有自己的时代，夫子自不例外。我觉得夫子一生，经历了四个完全不同的阶段，两暗两明，是时代与夫子共谋，完成了夫子人生的使命。夫子尽自己天命，经历与二十世纪的许多大事息息相关，是人生无法脱离时代的一种历史。

夫子是清雍正皇帝第十代后人，这是夫子不能选择的。别人藉此可以说夫子是封建余孽，也可以说夫子是天潢贵胄。夫子自己说的最好，"我一出生，就是民国的国民"。真正不卑不亢，事实如此，最新一代民国国民。

逸事说，胡适之先生当年总爱说，自己姓胡，说的话就是"胡说"。噱语取乐，也是自谦。夫子也发此噱，说自己是"胡说"。理由是夫子原本胡人，满族与蒙古族之后，夫子曾写过专门讨论民族文化历史融合的文章。这位我们时代产生的文化大家，原来是位"胡人"。

从 1912 年到 1933 年前后，是夫子人生艰难的第一阶段。

这个阶段是暗淡的。从"驱逐鞑虏"到"五族共和"，清室乃至旗人的日子很不好过。夫子家道中落，在这个阶段发生几件影响一生的事件：

1912年，是夫子人生的开始。这一年，民国刚刚建立，袁世凯自己剪掉了辫子；世界上，工业化已成规模，最"先进"的泰坦尼克巨轮沉没。

一岁，父亲故世。

三岁，家里安排夫子在雍和宫皈依喇嘛教。夫子是三代单传的独苗，雍和宫是夫子十世先祖雍正皇帝做皇子时的王府，对于夫子自有不同的意义。夫子每年初一回雍和宫叩拜，一是回家，一是拜庙，这对夫子有身体和精神的双重意义。现在，雍和宫还有夫子题写的匾额和对联。

幼年时期，没有爸爸，爷爷是家庭支柱。夫子在爷爷的熏陶下接触文化。夫子的家庭环境，已经完全不是世家，而是读书人家。夫子爷爷的父亲辈（与溥仪同辈），由于世袭的爵位累降，享受的俸禄已经很薄，于是辞俸禄，下科场——考试。到夫子爷爷，也凭本事考试，与乃父一样。家里两代翰林，变世封的官宦人家为传统的读书人家。受爷爷影响，夫子被作为"士"而养成，写字由欧体入手，立志做一位文人画家。

十岁，夫子的爷爷也故世了，从此夫子的家庭由没落陷入困苦。

父亲和爷爷去世后，夫子的姑姑决定不嫁，与弟妻一起照顾家族独苗。满族人家，女子的地位与汉人不同，责任感也就

▲ 少年启功
采自汇文校史资料

▼ 迄今发现的唯一夫子
一家照片资料。左起:
夫子,夫人章宝琛,
母亲和姑姑。

▲ 夫子和爷爷

爷爷的父亲是一个执拗倔强的人，他辞去祖宗的俸禄入科考试，列名翰林。爷爷也是一位执拗倔强的人，他也名列翰林。在民国初年爷爷临终之时，他要孙子发誓不能姓金。夫子父亲不寿，前两位先人的秉性，在夫子身上有教养不能取代的遗存，留心不难体会。

强些。爷爷的学生与故交此时多有协助，维持夫子、母亲和姑姑三人生活，直至夫子成人。主要是凑钱购买公债，以求有所生计；以及过问夫子的教育，安排学校，格外介绍一些老师和求学的途径。

二十岁前后，夫子可以教一点家馆，也卖一点画补贴家用。这样的孩子，本来就懂事孝顺，又有名师指点，学业初有所成。

冯公度先生评价当年夫子的草书，"这是认识草书的人写的草书。"语意是爱护掩不住的嘉许。

叶恭绰先生评价夫子："贵胄天潢之后常出一些聪明绝代人才。"更是直接的肯定。

陈垣先生评价夫子"写作俱佳"。这句话，表示夫子人生第一阶段的黑暗结束了。

夫子人生的第二个阶段，是玩命地努力，并且前程大有希望的阶段。这一段大约从 1933 年到 1957 年，主要是夫子在辅仁大学的时光。

由傅增湘先生介绍，陈垣先生慨允夫子进入辅仁执教。这是决定夫子一生的大事，却也是好事多磨，决非易事。

夫子来到辅仁，是夫子涉世之初。在这所大学三进三出，是夫子人生的一段传奇。事涉夫子一生的"贵人"陈垣老校长，和"玉成"夫子的辅仁教育院长张先生。

陈垣老校长，字援庵，著名史家，早年曾任民国众议院议员，教育部次长，故宫博物院理事。陈老校长长期担任辅仁和北师大校长，长夫子三十二岁，对夫子多有教导提携，夫子一生以老师、父亲之礼事之。

张先生湖南人氏，与许多著名革命家同学，早年参加新民学会，参与"驱张运动"。后来，张先生出国，勤工俭学，皈依天主教，考了外国博士学位，成为国民党人，来到天主教的辅仁大学。

老校长既然看中夫子，请他教附中国文——一年多，张先生分管附中，以夫子没有大学文凭的理由，辞退。一个进出。

老校长再仔细看，还是觉得夫子的才学胜任，请他教美术系——也还是不到两年，也还是张先生分管美术系，再看夫子没有美术文凭，再辞退。再一个进出。

老校长真的认为这个青年有前途，三请他做自己的助教——这回张先生可能是烦了，可能是管不着了，终于不管这爷儿俩了。启夫子于是跟着陈老校长凡三十九年，三进辅仁，后又并入北京师大，直到老校长逝世。

进入辅仁，夫子从一个教养良好的向学青年，开始自立养家，开始逐步建立自己的学问体系。夫子一生对陈垣先生是诚心感激、敬佩和崇拜的。人说模仿是最大的恭维，遇到陈垣先生，使夫子成为陈老先生那样的学人。

有一首歌儿，叫做《长大后我就成了你》，是写老师的，写的不是流行。文化一直就这么承传，没长大先整老师一顿的不算，长大后我就能够接替你。夫子是到后来就接替了"你"

▲ 初入辅仁时期的夫子
辅仁校史资料

▼ 夫子1933年作"窥园图"，当是陈垣先生奖掖夫子"写作俱佳"时期作品。
此图得之于1970年代陈垣先生逝世后的旧居 现存北师大档案馆

▶ 翩翩夫子青年时
北师大校史资料，原照经可讲编辑图片

的品德和学养，甚至变得比"你"影响还大。

这期间经历了抗日战争，三年内战，共产党建立国家，院系调整，直到反右。夫子当年，在学术和绘画事业上，已经达到一般意义上成名成家的地步。

从辅仁留下的一些旧照片看，夫子和几个同是三十多岁的教师，都是副教授，经常围在六十多岁老人陈垣校长身边。或者烤肉季里纵酒论学，或者旧宫园林访梅踏雪。陈校长是名人硕儒，据后来夫子念叨，有请客标准每人一百元大洋的时候。年轻学人的经济情况如何呢？大雪微茫的什刹海畔，陈垣校长身边，女孩子是手捧雪球，短靴棉裙，启夫子是眼镜油头，裘领大衣。

这个阶段的最后，夫子不到四十五岁，参加了当时画界最高水平的展览，受聘为师大教授。这时候，夫子在鉴定方面，已经担任故宫博物院专门委员十好几年，经见广而年纪轻。以现在教育大为普及的时代比较，如此人才，也是寥若晨星，电视台鉴定文物，不见得能够请到。

夫子的第三阶段人生，是二十年的历尽劫波，君子豹隐。约1957年到1977年，大扼大成，令人唏嘘。

反右之前，学术尚有一些自为，夫子获许协助筹备中国画院。这是叶恭绰老指定，是画界对夫子的肯定，是夫子早年当一位画家理想的最终实现。正不知夫子是否会就此成为一位职业画家，旋即风云突变，夫子也随叶恭绰老，被补划"右派"。

成为"右派"就又回到学校，职称降级，工资降级，离开讲堂，参加"运动"，就成为一连串的境遇。

夫子虽然没有回忆成为"右派"的心里感受记录，但根据几个当时的人回忆，夫子为了被划"右派"，有过一回失声痛哭。夫子多次说过，不愿意回忆过去，"复习痛苦"。这件事一定是事实，对于夫子的心灵史，有划界的意义。

后来有人写书说：夫子受冲击并不激烈，理由是夫子"右派"摘帽较早，抄家时只是被学生"封"了。夫子没有挨打，只被陪斗，乐得长期逍遥，似乎不应该抱怨。

我觉得这里面有现实人生的真相，要考虑环境和人心。一些人狂热、一些人盲从、一些人愚蠢、一些人看透。鲁迅说：不惮以最坏的恶意猜度人心。夫子也有逐渐能够应付的处乱之智。大人虎变，君子豹隐。柔顺既可以不是合流，也可以不是浇油，不该概念化，作非黑即白的理解，"合理想象"历史。清人《曲诚说》讨论过现实人心："处治以直，处乱以曲。"强调曲而且诚。这是不是清人坚持道德而谨避妄灾的智慧？文章结论说，"忠告以直，善道以曲"。"方圆委蛇，依然丈夫"。

关于夫子"没有挨打，只被陪斗，"我觉得这没有对谁不起。我曾有简单苦恼，不能比夫子的苦难。我幼年上学，要应付学校的环境。我上学的那时候，那地方，少年经常是分地盘以武打成名。其他孩子如我等芸芸，另立一派山头则武功人手不济，

▲ 中国画院成立纪念，1957年。局部，可以辨认周恩来、
郭沫若等。右侧圈号是夫子。
王明明先生提供

▼ 小乘客。夫子1970年代初，于小乘巷。
章景怀先生提供

◀ 考肉季里，右起陈垣老、启功先生等。
◁ 什刹海畔，左起启功先生、陈垣老、刘乃和女先生等。
辅仁校史资料

攀附武打明星又威信影响不及。现实如此。心里的小骄傲被踩躏得至今不愿多提。当时是宁肯逃学，决没有智慧和意志对武将们置之不理。我服膺启夫子，包含夫子现身教我，在被粉碎和被裹胁的巨石之间，庖丁慧眼，游刃自由缝隙的智慧。

我前面说这是"时代与夫子的共谋"，意思就是说，人有不能调整环境和他人的时候，却有调整自己的自由。李玉和那时候老是唱"锁不住我雄心壮志冲云天"，说得很对，就是太高调了。这自由是心灵的，不以放弃做人原则为前提。

最近看到夫子上世纪六十年代一些简言的日记，有些可以窥探的端倪。印象最深是，一连数月，日记几乎全是"上午小组，下午小组"。还天天都写。那是在参加小组学习，经历过的人都知道。

明白些的，有夫子的《启功口述历史》，"但凡了解一点我的人都知道，不用说给党提意见了，就是给朋友，我也不会提什么意见。"这不是说说，是真的。

夫子读张中行老《负暄琐话》，说："一句最凄然，过去由它罢！"因为夫子的过去也凄然，这种共鸣由诗中反映出来，就是这一句。

那些年，夫子的智慧，肯定不是看上去智慧的样子，是做到了那智慧要求看上去应该是的样子。机会虽然难算，但天愿缘自人愿，标点《清史稿》，庶几让夫子相对地逍遥六年。

这一阶段的开始，夫子的母亲、姑姑相继离世。到这个阶段快结束，夫人也依依不舍，终于撒手人寰。夫子孤老多病，孑然一身，命运到了最黑暗的时候。

从 1977 年到 2005 年，最后的人生阶段，被夫子称为迟到的春天。这是"天下谁人不识君"的阶段，名满天下，门庭若市，而内心满是孤寂。

这个阶段，夫子做了许多想做的事：整理和出版著作，设立"励耘奖学金"，附议提案设立教师节等等。

这期间，夫子写了许多字：书风与以前比，再加精神。书名大盛，掩盖了早年的画名，在社会层面，定义了夫子成为"大书法家"。

夫子的书法，到此形成"启功体"。"启功体"，其实就是夫子四十岁谨严书风，六十岁书艺弘法之后，再加了一剂大补营养成就的。所谓大补，是夫子此前不曾消受过的营养，即盛名归来，神旺英发。毋庸置疑，夫子是好高名的，不同于私传绯闻、公开献丑的现下出名，夫子一直希望得到"能与诸贤齐品目"的承认。声名就象是精神大补丸，教人把才情表现得更充分，由"启功体"中增加的神采和自信，可以看出。

夫子这时的绘画，也是由于精力限制，不再作细笔点染的山水，一样是变作了神采完足的写意。陈衡恪说："文人画第一人品，第二学问，第三才情，第四思想，具此四者，乃能完善。"大写意更加完善了夫子的绘画成就。

每个共产党员都应懂得这个真理："枪杆子里面出政权"。

毛泽东

第 34 页共　　页

是实在可痛恨的。在刘少奇的反动路线下，我自己不但没能彻底改造，大石头叫更给了我极大的温床，若非伟大领袖毛主席亲手发动这场无产阶级文化大革命，使我解放灵魂，真切认识了自己的罪行，恐怕我堕落还要更深更险。我这后半生是毛主席给我的新生命、新灵魂，挽救了我。我有决心坚决改正自己的错误，痛下狠心自赎已往的罪恶。脱胎换骨，洗心革面，从灵魂改造起。我一定遵照林副主席的教导，学习毛主席的指示要"印在脑子里，溶化在血液中，落实在行动上。"一言一动都要以六条标准衡量，把老三篇当作座右铭，在工人阶级领导下，拜工农兵为师，接受工农兵的再教育，彻底改变自己的根深蒂固的反动阶级立场。我虽然颇蒙宽大处理，但我的罪是严重的，我向毛主席请罪。我是得从严的处分。我今天的请罪检查，自知还十分不够，诚恳希望接受痛苦的鞭策，给予严厉的批判，我的改造才是有利的，使我受得深刻的教育。我愿今后能够真正把脑筋转过来，永远紧跟我们伟大领袖毛

北京市电车公司印刷厂出品 六九·一

▲ 夫子自注"标点廿四史清史稿同人合影"。这些人之间不互为沟壑，夫子称为同人。同志的标准本比同人高，但应当名实相符。所以夫子怀念同人那时的互相尊重。

章景怀先生提供

◀ 夫子的几十页的检讨书之一页。约 1970 年代初。这样的话是那时人人会说的，这样的话却不能是人人相信的，即使写它的人。

得自万有市场潘家园

此时，夫子依然保持了一生谦己敬人，风趣"淘气"，虚心向学，不改原则的做人风格。同时，也透露一些意气，是此前阶段我们不能得而闻之的。

既得大名，社会就有各种表彰。我听过夫子在会议上公开地讲：我哪儿乖呀？夫子讲一个故事，说侄孙带小同学在家里闹，夫子烦了，就说：你们多乖啊，到院子里多好玩。之后夫子讽喻地说，孩子们已经走出楼梯，一个孩子忽然跑回来问夫子：我哪儿乖呀？

夫子现在就问大家：我哪儿乖呀？

这个阶段，是夫子生命中我们最关注、最熟悉的阶段。我担心，我们关注的热闹，是不是夫子精神世界的主要方面。

夫子在写给多年故交的一首《近况》中，透露了"昔日艰难今一遇，老怀开得莫嫌迟"的心情。不管嫌不嫌迟，对于夫子一生向学，谨饬修身的抱负，古稀已度，老而开怀，确是有些迟了。

在这个迟到的春天里，夫子是尽力作为的，不过很多生命的价值已经永远失去了，内心有挥它不去的孤寂。

"师"之魂

夫子一生做教师，无论后来享有怎样大的声名，始终把自己看作一个教师。夫子有自作铭辞：

职为人师，人之所敬。

虚心向学，安身立命。

这是恳切老实的话。由此我意识到，以自我要求来说，做教师的基础品格，应该是好学、向学，没有自满的劲头。夫子虽以教师自居，仍旧终日乾乾，保持警惕，担心做为一个教师，而有"好为人师"的"人之患"，有教师面孔的职业毛病。

恰恰对待学生，夫子又从不以老师的身份自居。夫子提醒自己不要"但患人之患"，总是把学生视为学友。夫子对这一点十分警惕，夫子说：

先圣言人之患在好为人师。今吾职业已为师矣，将如何以免其患？惟有心无所欺，行无所愧，不强不知以为知，庶几有免患之望。

我们见惯一位老师自我介绍说：我是李老师。一般我们认为，老师是"传道、授业、解惑"的，不仅是"提供服务"的

学高人之师　身正人之范

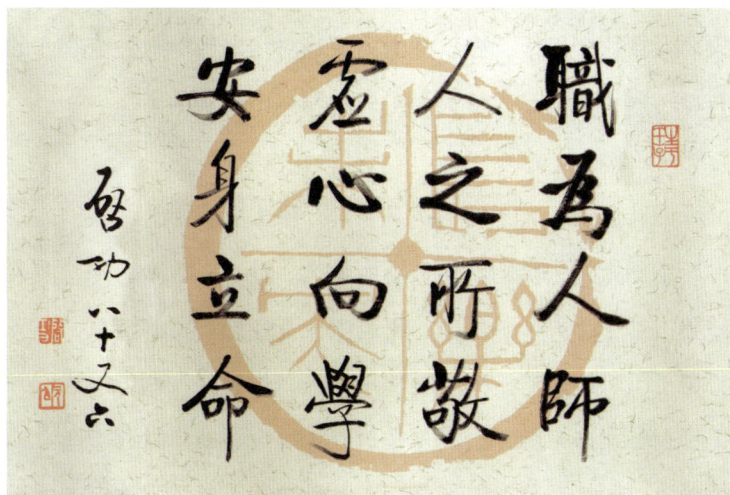

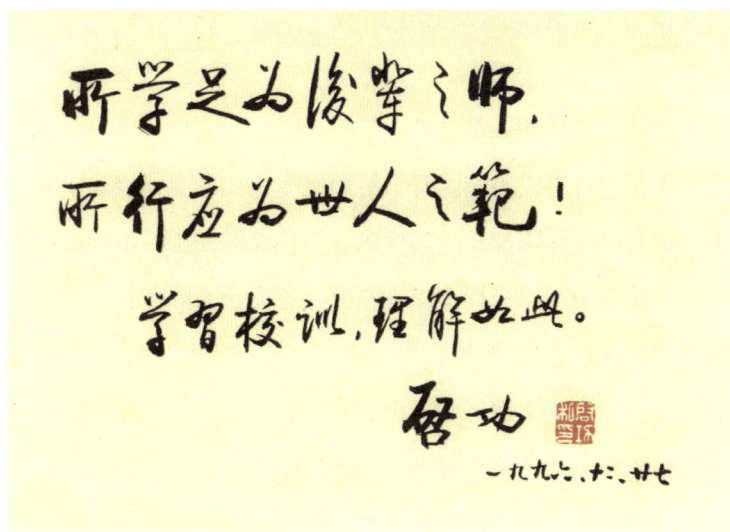

职业，这和向别人介绍说我是李警官、李领班毕竟不同。因为老师乃"人之所敬"，中国文化对老师有一个传统的敬意。如果要保持这个传统，做教师的人应当对"老师"有一点职业的自尊。这个觉悟是我从夫子对此的警惕中得到的。

回味起来，夫子的命运和"师"字大有夙缘。

中国人过去供的牌位，有所谓天、地、君、亲、师，而夫子独占师字。夫子一降生，正赶上三千年旧制度的结束，一齐去掉了天、地、君。夫子三代单传，一岁丧父，六十鳏居，并无子嗣，血亲一脉，已经是枝疏叶零。夫子幼年时，遭逢"孀媳弱女，同抚孤孙"的景况，正是已故爷爷的学生感念老师恩情，提供了生活和学业的帮助。

夫子终生的职业是老师。

夫子也许并没有正式拜做陈垣老先生的学生，但夫子从心里是把自己当作陈校长的门生的。陈校长对夫子一生的影响可能是最重要的。学校档案馆现在保存有夫子为陈校长做寿，精心绘制的折扇，"万点松煤写万松，一枝一叶报春风"。此时夫子尚在青年，其孝敬之心，出自真心，一生如如。

在陈校长后人的回忆里，已经是新社会的六十年代前期，夫子过年，还是要到陈校长府上拜年，进门即行磕头大礼。那个时候，中国已经少见五十岁儿子给八十岁父亲磕头拜年的现象了吧，那是夫子发自真心的感恩与恭敬，是老辈人表达真心的共通仪式。

　　夫子是个知恩报恩的人。只要可能，夫子的著作一定请求陈老师写签。这是印可，对夫子有无人能替的意义。

　　在纪念陈垣老校长百年诞辰的时候，夫子用心写了一篇文章。文章中，夫子说陈老师教了他九条"上课须知"。文字不长，而且平易恳切，请允许我抄在下面：

　　1、教一班中学生与在私塾屋里教几个小孩不同，一个人站在讲台上要有一个样子。人脸是对立的，但感情不可对立。

　　2、万不可有偏爱、偏恶，万不许讥诮学生。

　　3、以鼓励夸奖为主。不好的学生，包括淘气的或成绩不好的，都要尽力找他们一小点好处，加以夸奖。

　　4、不要发脾气。你发一次，即使有效，以后再有更坏的事件发生，又怎么发更大的脾气？万一发了脾气之后无效，又怎么下场？你还年青，但在讲台上即是师表，要取得学生的佩服。

　　5、教一课书要把这一课的各方面都预备到，设想学生会问什么。陈老师还多次说过，自己研究几个月的一项结果，有时并不够一堂时间讲的。

　　6、批改作文，不要多改，多改了不如你替他作一篇。改多了他们也不看。要改重要的关键处。

　　7、要有教课日记。自己和学生有某些优缺点，都记下来，包括作文中的问题，记下以备比较。

▲ 给老师的祝寿礼：诗书画，都是情。
泥金纸本成扇，藏北师大档案馆。可讲摄影

◀ 民族文化的交融。满族教授为维族学生讲书法。
北师大校史资料

8、发作文时，要举例讲解。缺点尽力在堂下个别谈；缺点改好了，有所进步的，尽力在堂上表扬。

9、要疏通课堂空气，你总在台上坐着，学生总在台下听着，成了套子。学生打呵欠，或者在抄别人的作业，或看小说，你讲的多么用力也是白费。不但作文课要在学生坐位行间走走。讲课时，写了板书之后，也可下台看看。既回头看看自己板书的效果如何，也看看学生会记不会记。有不会写的或写错了的字，在他们座位上给他们指点，对于被指点的人，会有较深的印象，旁边的人也会感觉兴趣，不怕来问了。

夫子说这是陈校长教给自己的。陈校长一定说过这些意思，这样的行文却只能是夫子的。夫子的文字，即便是最正式的学术论文，也一定是口对着心，老实诚恳，深入浅出，明白如话。夫子在这篇文章的原文中，说自己的一些学术观点，"谁知道许多是这位庄严谨饬的史学考据家（指陈校长）所传授的呢"；说自己的一些艺术信念，"只是陈老师艺术思想的韵语化罢了"。

老师成就了夫子，夫子对老师感念一生，愿意认为，自己的一切都是老师给予的。

这个"上课须知"，不是技术上的教学法，是人格上的为师操守。我以为这个"上课须知"和北师大校训一样，是一个做人为师的经典文本。

王朔先生在《自选集》的序文中，说他小时侯的老师"恃强凌弱"。显然，他的老师不懂这样的为师操守。这是一句扯开的话。

我收集了大量夫子的书法字体资料，曾经希望把这个陈垣老先生名义的"教师须知"，集启夫子的字，做成一个"帖"。后来发现，行气是大困难。希望学习弘福寺僧，集王羲之而成《圣教序》，看来决非易事。这里写一句，希望有雅兴的朋友一起试试。

夫子在他的老师逝世九年后，发表了挽陈校长的联语，其中说"信有师生同父子"，是寄有沉痛深情的。成语"亲如兄弟"的"如"，与夫子"师生同父子"的"同"字比较，可以看到这是怎样的师生感情。

所以在陈校长逝世十五年后，条件终于许可的时候，夫子尽全力筹资兴办"励耘奖学助学基金"，用老师书房的名字命名奖助基金以纪念老师，心中觉得"报了师恩的千百分之一"。

上世纪末，有一天在夫子书房闲谈，夫子忽然说：准备写一篇文章，六万字。神情是一派豪情万丈的样子。仔细听下去，是有人对陈垣先生有一些微词，夫子要回护老师。一件，在当下艳说的西南联大时期，辅仁是在敌占区；一件，是陈垣先生

▲ 陈援庵先生和他的学生启元白先生。这是一对著名师生，如果中国人传统的师生之谊还将发扬，这对师生的故事一定会反复地讲。

北师大校史资料

◀ 陈援庵先生遗像
◁ 启元白先生遗像

北师大校史资料

八十高龄终于入党的事。

我就留心这篇文章，后来知道，夫子毕竟年迈，终于没有写成。夫子当时说"六万字"的神情，很深地感染我，我相信那时夫子的腹稿应该已经完成。这由此后口述的个人历史，其思路之清晰，结构之有心，可以说明。

建国之初，陈垣老先生是新政府的座上宾，被最高领导人称为"国宝"，这种说法是那个时期的一个创造，好象就始用于陈垣老先生。启夫子晚年，多位党和国家领导人接见、探望夫子，也被称为"国宝"。这个相似，起码证明了一九三三年陈垣先生的眼光是独特和准确的，证明夫子不负与陈垣先生的师生之情，证明启夫子是陈垣先生的好学生。

夫子这个名声，和熊猫得同样名声，时间相仿佛。有人误解说夫子以熊猫自称。可能自嘲被当做熊猫参观，不可能自诩象熊猫那样有名，这本不堪，也不符合夫子的语言风格。

夫子有一首《赠本届毕业同学》的诗，是"上课须知"精神的另一版本。还是一贯地称学生为同学，写出老师之所以是"师"，与学生质的不同。夫子说：

> 入学初识门庭，
>
> 毕业非同学成。
>
> 涉世或始今日，
>
> 立身却在生平。

这是经历一生的回头忠告，是做学问、做人的经验之谈。

毕业是开始涉世，意味着此前你是老师的学生，老师有天然的指导责任，做不好可以再来。毕业以后，你得单飞。路正长，一切后果自己负责任，没有练习题可以做了。

最痛心夫子"老学生"来新夏先生的一段话："为什么启功老师如海的学问，如山的高龄，竟没有一人能尽得其传？"作为陈垣先生的学生，夫子可能是无双的。作为一位老师，也许时代的作弄，夫子是无法和陈老先生相比了。

辅仁成就了夫子"职为人师"的事业，夫子回忆辅仁大学的二十年，心里是无限眷恋的。曾经说过，"永远难忘在辅仁大学度过的美好时光"。辅仁的精神里，有一条是提倡《学记》中的"三年视敬业乐群"。后来，敬业还能听见；乐群这个理念，在斗争哲学兴盛的时候，就不是常用词了。

"文革"刚刚结束，夫子给学校的营业餐厅写牌匾，借机还魂，就写了"乐群餐厅"四个秀丽大字，餐厅即成为当时学校一处名胜，在聚餐的时候起码可以群乐融融了。现在，"新乐群"就是新的、更高的大楼餐厅。

夫子怀念辅仁，流露的细行被我发见。

也许是后来随辅仁并进了师范大学，夫子八十年代开始，对"师范"两字有过反复的推敲。

先在一首长诗中，夫子写道：

《卜算子》一首致新同学

学高人之师，身正人之范，顾我百
无成，但愧人之患（注二）二十课童蒙
三十逢抗战。四十得解放，天地重旋
转。院系调整初，登此新坛坫，也曾
编讲章，也曾评试卷，谁知心目中
懵然无灼见，职衔逐步加，名器徒
叨滥，粉碎"四人帮"，日月当头换，政策
解倒悬，科学归实践（注三）长征踏
新途，四化争贡献，自问我何能，忽
然增愧汗，穿语入学人，寸阴皆系
念，三育德智体，莫作等闲看，学位
与学分，岂为撑门面，祖国当中兴，我
辈肩有担！

注一：□孟子曰：「人之患，在好为人师」指自己有
学识的人，喜好随便指导旁人的那种毛
病。
注二：「我」字在这里借作去声。

一九八零年五月 启功书于北京
师范大学中文系

▲ 夫子关于"师范"的手迹
北师大校史资料

◀ 当年夫子讲座的气氛
◁ 1980年代，书法讲习班。
北师大校史资料

学高人之师，

身正人之范。

后曾反复拎出，写此两句。有一个写本小序说："昔有学友以师范两字相询，曾赋长句答之，此其首联也。重拈以与今雨共勉之。"

到了九十年代初，学校出版社迁址，夫子热心帮我们忙，指导肇庆工厂为我们设计了一方巨型端砚，亲往房山替我们物色一对石狮。石狮选定以后，夫子为一对石狮各题四字铭辞，因为我们是师范类学校的出版社，再次诠释了师范两字，是：

师垂典则，

范示群伦。

这一对狮子，是两位雍容和蔼的青灰石狮，就是北京胡同的那种灰色，态度温文，很有文化，没有当下多见的镇宅物那般眦裂和张狂。后来由于安置位置偏僻，少有人注意狮们的存在，多经风雨，少被关注，依然故我，"人不知而不愠"。我觉得，就象是六十年代前后的夫子。

到了九十年代后期，学校九十五年校庆。校长袁贵仁先生希望石狮上的八字可以用做校训，夫子以为文字不妥。夫子是觉得，这八个字太文，行而不远。经与学校交换意见，夫子把它改成了：

学为人师，

行为世范。

并且，夫子各题写繁简体一件，以为不同场合所用。校训的落款，夫子写启功敬书——一经学校使用，不再提那版权。意思是，夫子只是书写者。这两句话，十余年来一直作为北师大的校训，在社会上产生了极大影响。学校老师同学，唯愿同此学行。

有趣儿的，很多寺庙写这两句，不知是折服夫子大德，还是觉得也是学佛的修行标准。

有人说，此校训是文言，因为词汇完全是单字。反驳者说是白话，理由是本来就明白如话。我佩服夫子这样的才华，把传统文化轻松平易地使用于当下，使人接受愉快。就如同被广泛传诵的夫子白话诗词，就如同夫子接人待物的谦己风雅。

又有人说，这个校训，夫子有抄袭之嫌。因为《世说德行第一》上来就说："陈仲举言为士则，行为世范，登车揽辔，有澄清天下之志。"

唉！过去的士子，今天的学者，不管怎样的时代，总还是不能离开所想所说、所作所为的规范吧。了解了师大校训反复推定的过程、了解了夫子一生的学行，当有一个公允的看法。

夫子与师字的夙缘，还有一个"教师节"的佳话。

仍是八十年代初，举国热情地"振兴中华""尊师重教"。

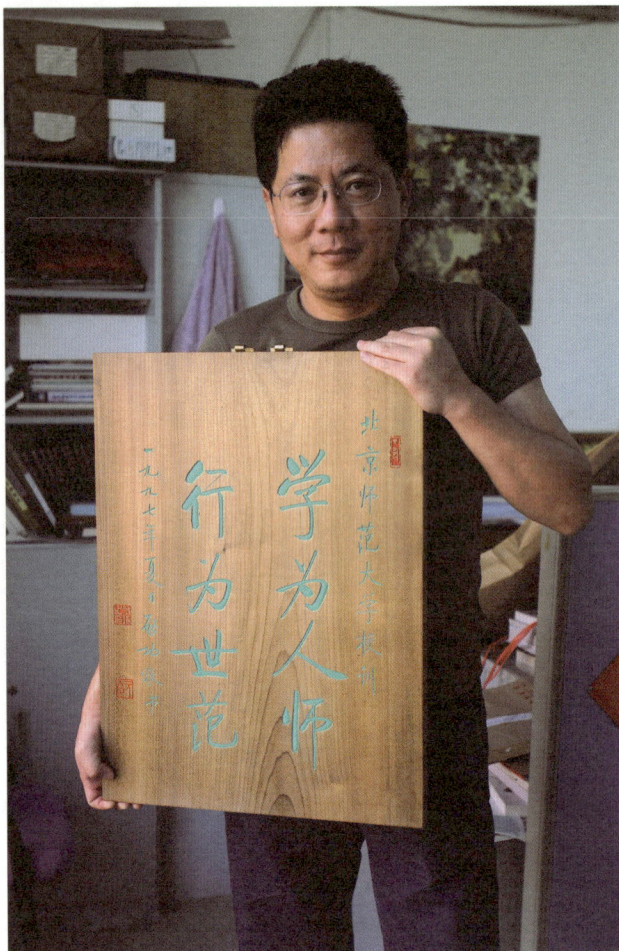

▲ 我们请荣宝斋做的匾，金丝楠独板儿镌写校训，作为学校欢迎总理的礼品。
可讲收存照片　栾敬先生摄影

▶ 夫子手迹，十六字令《北京师大百年校庆》。
▷ "师范"石狮和铭文
可讲摄影编辑图片

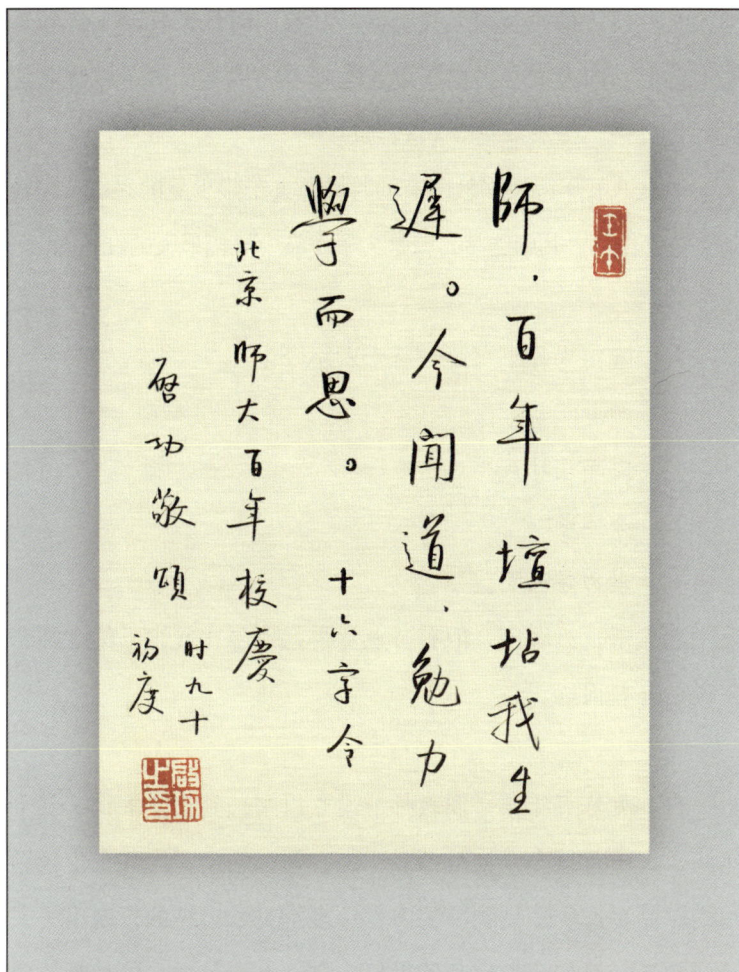

师，百年坛坫我生
迟。今闻道，勉力
学而思。十六字令

北京师大百年校庆

启功敬颂 时九十初度

师大七教授，都是全国人大委员，好象由时任校长的王梓坤老先生首倡，向人大会提出了设立教师节的提案，夫子就是七位提案人之一。提案获得了顺利通过。

一九八五年第一届教师节的时候，夫子是少见的兴奋，为教师节题字作画。其中之一，就是夫子作品中尺幅最大的红竹图。

夫子晚年为师字写过一首十六字令：

师。

百年坛坫我生迟。

今闻道，

勉力学而思。

老夫子自己客气，似有一点觉得，自己比起自己的老师辈来说，还差得远。

自一九八五年第一届教师节设立以来，到夫子去世，二十年间，夫子有很多专为教师节，为教师和学生，为各个学校题写的作品。这些作品题写的内容，多是夫子自拟的，说出了夫子对教育、对如何做教师的思想，自己七十年做一位教师的感受。这些作品是一个有机的系统，我以为以此为纲目，可以研究夫子的教育思想。

四个口袋

夫子的学问怎样归类评说？

大家一致地说"三绝"，或"四绝"，各有不同的归纳。这里有一个夫子自报家门的材料，交代自己的所学。还是很形象的说法，分装进"四个口袋"。这是一篇奇文，全文引来一睹。略显长些，稍有盗引嫌疑，祷求夫子谅我。

《关于"四个口袋"问题（抄存）》

大字报中，周纪彬及沈藻翔等部分老教师的大字报中，都谈到过我的"四个口袋"问题，现在详加交代（时间可能有出入）：

在约62年近夏时，旧总支提出所谓发挥潜力的号召，叫老教师们各自贡献"所长"，订出科研计划，并先谈每人擅长什么，想作什么。把各老教师分成几个小组来说，我的一组是刘盼遂、杨敏如、李长之和我，在刘盼遂家开的会。我说我的知识有四个方面，我这四个方面积累的材料各置一处。因平时有些零星札记或草稿，常放在纸袋中，所以我用"口袋"代表这四堆材料。我说我有四个口袋（其实纸口袋很多，每一类并不止一个口袋），这"四个口袋"一是古典文学的一些心得如注释等，包括拟作的诗律研究等；二是关于书法方面的笔记，彦先羸瘵，恐难平复，往属初病，虑不止此，此已为庆。承使唯男，幸为复失前忧耳。吴子杨往初来主，吾不能尽。临西复来，威仪详跱，举动成观，自躯体之美也。思识□爱之迈前，势所恒有，宜□称之。夏伯荣寇乱之际，闻问不悉。

一九六五年夏 启功临

帖所题三人贺彦先等，皆见于史传，余不可考，使唯男、吴恒伯问七字据后画推择。

古陆士衡

▶ 夫子题跋及原作一种
此李二曲先生貌真之术的意思，题跋层层拈出，晚学始悟一点中国文化之美，敬服夫子才情。此跋为仅见的夫子自称高阳苗裔，见二曲先生背影而称幸，直教人常看不厌。

◀ 夫子《平复帖》临写与释文作品
这是件启功先生特点鲜明的书法作品，学问和艺术融会一纸，夫子得意，曾书数本。

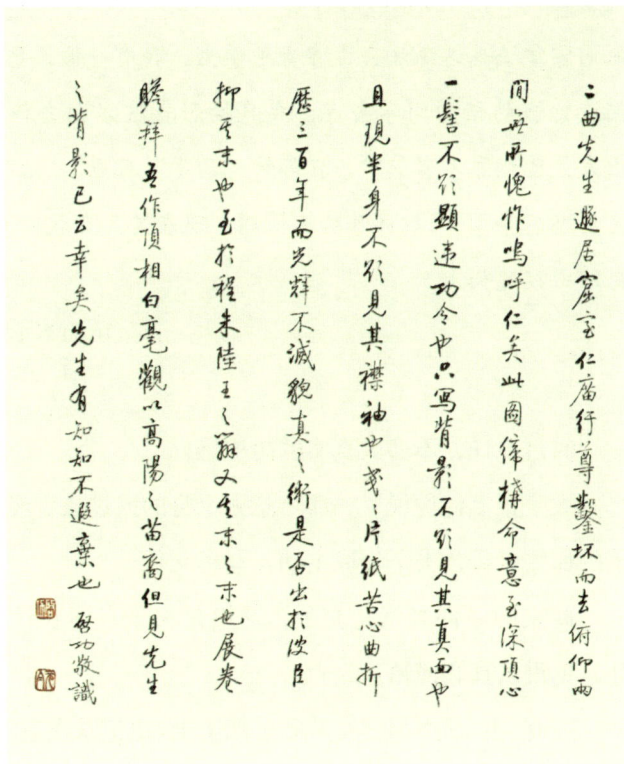

这方面拟写关于怎样写字的文章；三是文物鉴别方面的笔记，如繁琐考证的《兰亭帖考》；四是清代掌故方面的，这方面写成《读红楼梦札记》。

我这时的思想，是想表襮我的"专长"，使人知道我擅长的方面多，也是想在这几个"市场"贴广告，以便将来出卖自己这些罪恶的货底。当时并没听到那时旧总支的当权人物有什么回音，也没人告诉我"批准"我或"指示"我在哪方面着力。今年在大字报上才看到刘漠对于我这"四个口袋"的说法很欣赏。我现在觉得刘漠这样的黑帮分子对我这种表现的欣赏完全是合逻辑的，因为我的腐朽的一套罪恶货底，正合他们的口味，他们曾拿了我这说法去毒害青年学生，我有一份罪恶。即使他们没把我的话向同学去说，我只按照我这方向去作文章发表出来，已经罪不容逃了。我那种"治学"观点，"治学"方法，名利思想等等，应该详加检查批判。现在为了交代这事的情况，先写出经过如上。

1966.10.30 写 12.10 交

时过境迁，不磨灭真实的历史感。

大字报上已经说了，那个惹火上身的人过去曾经欣赏过夫子的那些口袋，夫子争取主动，写出交代。

此文的原件当然是交了，这里是夫子自留在日记里的抄件，见得认真和谨慎。

还有，由"写"到"交"，等了四十天，也记录在案。我感觉，就象我们跳大绳的时候，准备钻进跳过，寻找节奏的游移。

需要一提的是，这些口袋显然缺了艺术创作的内容，此大成就，夫子装在哪里？起码应当有书法口袋、绘画口袋和诗作的口袋。这些在那时，对一个大学中文系教授，是不务正业。尤其是绘画，"反右"之后，夫子于此道真是已经心如死灰。这样大风也吹它不起了。

文体研究，算不算一个口袋？

什么时代，什么文化发展阶段，如何产生了与之适应的什么文体。我寡陋，有这样明确的学术结论吧？夫子特别撰文的子弟书研究，不知如何归类。

一般我们习知，唐诗、宋词。

比较勉强的类比说法是，元曲、明书。明朝产生话本。

清朝呢？清朝产生什么独特文体？

不是八股文。夫子说是子弟书。

这排比好象越近越不明显了，到了子弟书更加不显，不足以做为清代的文体成就，可是它却是独特的。夫子关于子弟书的研究没有引起如对《说八股》的关注。

真有这些口袋，远不止四个，后来整理夫子遗著，景怀先生还把它们成箱地翻理出来。"文革"前的，全部是墨笔小

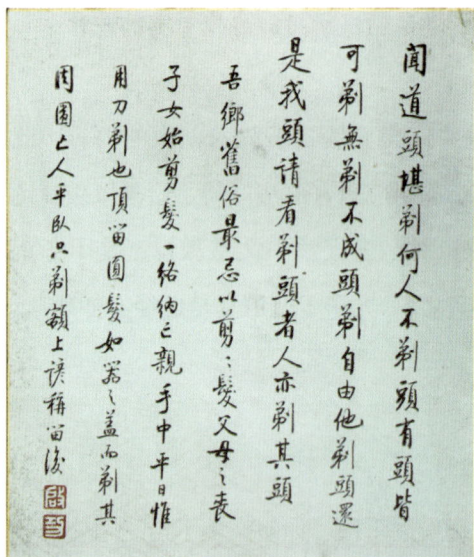

▲ 诗跋作品一件，写于夫子喜用之宣纸本卡纸。诗写意志而跋为乡俗，隽永耐读。

▶ 夫子题跋及原作一种
此件尤其好玩，"忍俊不禁也"。张大千居士早年
仿冒小名头，狐狸尾巴被夫子纠住。

古潘莲巢所画短卷
盖大千居士遊戲之作
公翰枝罗伍所雕枕菜
所谓忠俊亦秋也此实
先者梦棋诗卷太子
筹百年石纸以圖而重
装於前袱字行是曾
李仲風道天神振醉

别露尾觀之古人焉
之拍案之陆公佳笑是美
價五金陸十卷莲菜
殆不可易世人未此贻
三字论值於所乾品
又将某作许估耶
一九六七年夏日启功

楷，字字工整，稿子页面大大小小，并不整齐，有些文章保存了七八稿的修改草本。

岁月尘封，记录无数时日的窗前灯下。古训有业精于勤，这些口袋证之。

夫子当时交代的内容，原原本本。奇怪的是，读起来整个颠倒的口气，并不影响理解内容。无怪乎有些电影演到某些历史的时候，影象忽然就变成负片，一样能看。

这些装口袋的习惯，夫子始终沿用。开始时，时有花签、八行的传统稿纸，稿子的题前或款后，也会加用印章，是艺术品。中间阶段，常使用很薄的学生作业本，不太讲究了。后来到了晚年，多了些塑料皮本儿。这些笔记随时代推移，逐渐地多了硬笔的手迹。

老来的一些本子，分类也不甚清晰了，属于随手就写。常常一个本子没有写完，就开始另一个。不过可以看出，出于习惯，也是开始一个本子，总是鼓起一次心劲，在扉页题上"兔年手迹"，或者，"勤笔免思"一类。本子的内容，有一些文章的构思，一些材料的笔记，还有断续的日记，有诗作和题跋的草稿，和一些字债的记录。

当然，在那时，四个口袋的分类，更不可能包括佛学的研究。夫子这方面的修养和思想，是渗入到了生命的肌体里，竟至被夫子和大家在归为"学问"的时候，好像一起视而不见了。

夫子三岁皈依，沁染其中，心得是随时有所表露的。与夫子别的学养一样，夫子的"学问"都是用来"行"的，用来实践和生活的。一直留心关于夫子向佛的评价或介绍文字，可惜无多，以至阙如。

想起一个和夫子向佛习惯有关的事。还是编《坚净居丛帖》时候，在夫子家里拍照夫子的藏帖，那些帖的前后，常有夫子的题跋。

看到一件题跋，我算了一下，三十七岁所写，就惊叹了，写得多漂亮啊！我把自己惊叹向夫子报告，夫子问：好吗？

"真好！"

他老人家得意的反应出乎我意外，是哇哇地念一通儿咒（听不懂）。

后来拍照，又有发现。又报告，夫子又一通儿咒。

最有趣是报告了几回，有一件朱笔题跋，我拿到夫子面前说：您写时比我还年轻，随手一写就这么好看。

夫子接过来，抚着，得意地说："这回啊，没咒念啦！"

我感到，夫子向佛，不是知识上的，不是写一些佛学介绍，或者佛理探讨的文字，而是把向佛的熏习化在了日常中。希望了解夫子这些思想的大德，能够顾及庸凡，为我等说破。

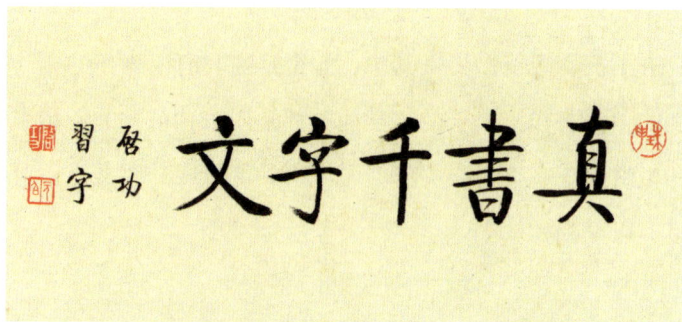

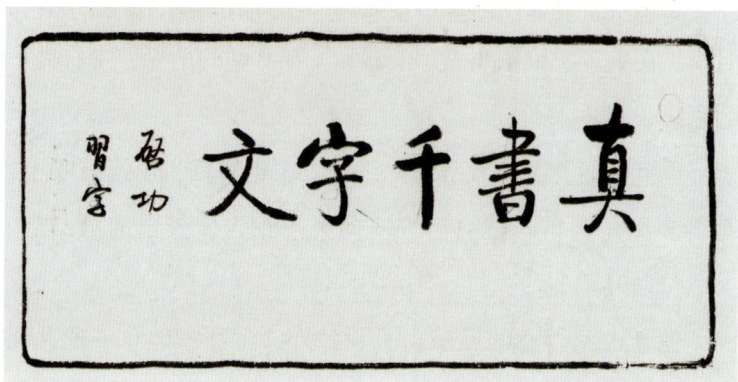

▲ 夫子题签。设计的布局与写成的题签并置，细可看见草件手画的用印位置，见得夫子的认真。

▼ 夫子小本自题签，虎岁蛰声。

夫子家藏　可讲摄影

▲ 夫子皈依师傅的骨
殖佛像。夫子珍藏
多年，初知老法师
骨灰在此，面对之
下，感慨系之。
夫子家藏 可讲摄影

▼ 交头接耳。赵朴初
老和启元白老，两
位大德。

夫子说，吃鱼有红烧中段，学问不行。细究起来，前、中、后段怎么划分？这是夫子反对把中国文学史截然切断的说法。夫子的学问也象这条鱼，分类不好刀切。

其实，夫子的道德和学问一样是巍巍浑然，不好刀切。中国文化，重在生命的学问，不论是"缺点"或"优势"，也本是这样的浑然，不好刀切。夫子关于人生的学问，夫子关于天道的学问，也是如此浑然，不好刀切。

夫子的诗词，最反映这些浑然学问，并非停留在辞藻。夫子作诗主张不要说透，含蓄而包容，大有禅机。在夫子"自装"的四个口袋里，只是注重考实证信的学问，是乾嘉学术的遗响。如"兰亭""张旭"帖的考证等，专门而精彩。

人的禀赋不同，中国传统的那些义理之学，在夫子手中，以艺术化之。那些夫子亲身验证了的道德义理，佛法禅机，都于诗画中拈花微露，升华赏音的心性。

两个定律

谁是"国学大师"？什么标准能够达到"国学大师"，在国学是什么概念没说清楚之前，还都只停留在口舌之际。

我们自有的学问，文字是根基，"国学"应该以此为基础。夫子在文字的形和声两方面，各发明一个"定律"。我说是"定律"，是由结论的明确，和推出结论的方法理性而言。虽然是文字、语言问题，而立论如科学论文的严谨，用归纳的方法，把所有的例子都试过，"竭泽而渔"，得出一般而明确的结论。叫做"定律"，并不为过。

第一个定律，是结字规律——中国字并不横平竖直，而且有四个"中心"！

夫子的第一本专著，《古代字体论稿》，经历三十年酝酿，到夫子五十多岁时出版。这是字形研究中为数不多、专论字体的一部书，其中对四千多年来出现过的字体，主要从变化的过程，名称和文物的关系进行了梳理，廓清书法研究很多基本的概念。书中认为，在我们熟知的秦篆和汉隶之间，有一个字体从圆笔到方笔变化的"中轴"，分开字体发展的两大阶段。并且预言了秦代墨迹的出土，断言那将会有方笔写篆的特点，是

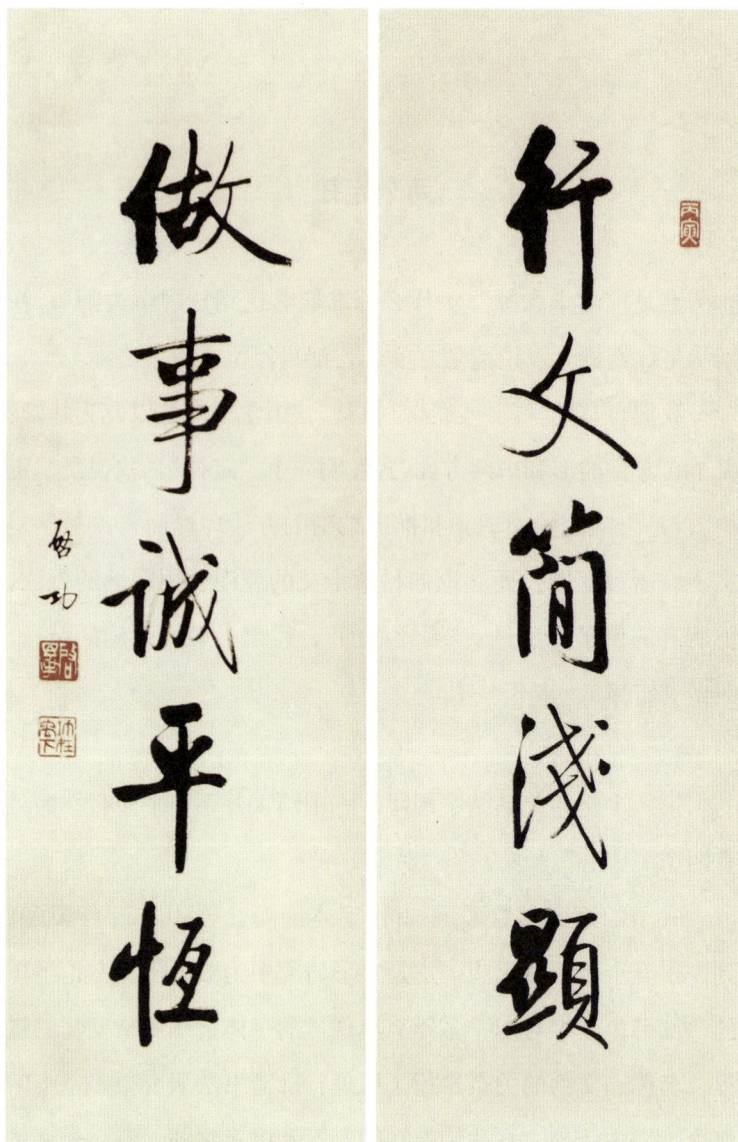

行文简浅显

做事诚平恒

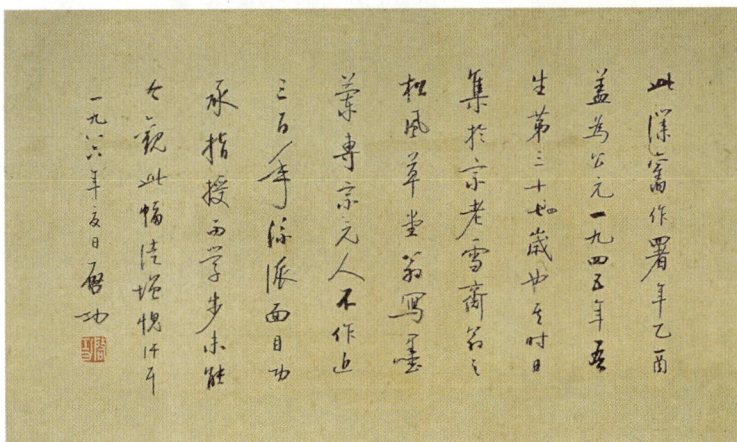

▲ 相隔四十余年的画作和题跋
这件题跋透露的是夫子的艺术信念：作画"不作近三百年流派面目"。夫子虽然清皇苗裔，实在是中国古代高雅文化的传人。

◀ 夫子自做联：行文简、浅、显，做事诚、平、恒。
这是正着说。夫子曾经写过另一联：临文莫妄作，于世大有为。那是反着说的做事与行文。

隶书从篆书中变化分离的肇始。

这个预言，被后来湖北睡虎地《秦律》简的出土所证明。由此可见，夫子对中国字体变化发展，近五千年连续不断，复杂多样这些"家珍"的熟悉。

从十几岁开始，夫子一生沉浸于书画，迹近痴迷，曾经用各种方法实验过"书法"的"美感"。

这样地沉迷故纸，视为"心房脑盖"，是件奇怪的事情（夫子诗："这件事，真奇怪"），不足与外人道也。因为字形的美感是高度抽象的，不象绘画那样，它没有自然的原形来做比较，也不象几何图形那样，用机械的、规律的标准来要求。汉字书法是中国艺术独有的美感，不使用汉字的人难以理解。即使今天不关心这个问题的中国人，也常常感叹，看不出究竟哪家的书法更好一些。

字形的美感，是一个有机的、适应人心的标准。书法是人手书写的，有几千年的历史文化，长期反映在人心里，在字的美感体会上，标准与看"美人"有些相类同。

在这些研究的长期过程里，夫子发现了结字定律。这个定律的前提，是书法中最基本的楷书。

夫子的实验有：从研究历代名家入手，把字写得更机械平均，或者写得更飞扬花俏。还有沿字的中线轨迹，使字更瘦，只研究笔画。把公认的名家字迹剪开笔画，重新组合。运用西方构图学的规律研究布局；运用数学比例的方法研究长短。

赵松雪说："书法以用笔为上，而结字亦须用功。"夫子偏偏不信，因为夫子孜孜于字形的美感规律，顾不得松雪说话的前提。小子放肆，窃以为松雪、夫子各执一端，原因是对象的不同：松雪所说，对象是对结字用笔如同吃饭的古代高手，夫子心系"美感"，沉于寻找规律，以期金针度人，致有分别。

到夫子近七十岁，顿悟式的、苹果掉下来了。关于汉字的结字，第一个重点是发现了"中心"不是一个，而是四个！哈哈，这也太中国了。只有夫子这样身在现代，心不离古典的学人，能够得出这种结论，而且暗合中国画散点透视，一幅画满是"中心"的传统美学。

夫子还运用了黄金分割的数学比例，配上了插图，这都是赵松雪所不会的。把传统习字的田字、米字格，改造成了自家品牌的回字格，以强调写字中宫的稳健。

第二个重点，组成汉字的笔画，不是"横平竖直"的。横笔画向右上翘，竖笔画有向背，因为这是人手结构的必然，人人同此所以也进入了法则。

这象极了一个心理学结论。心理学发现，一个人眼睛里长方形的中心，总是比几何中心略向上。我私自发挥，那是因为我们看美人的焦点，也比中心向上。

我写字就是头脑简单，没有灵气。我一直以为，字的最高

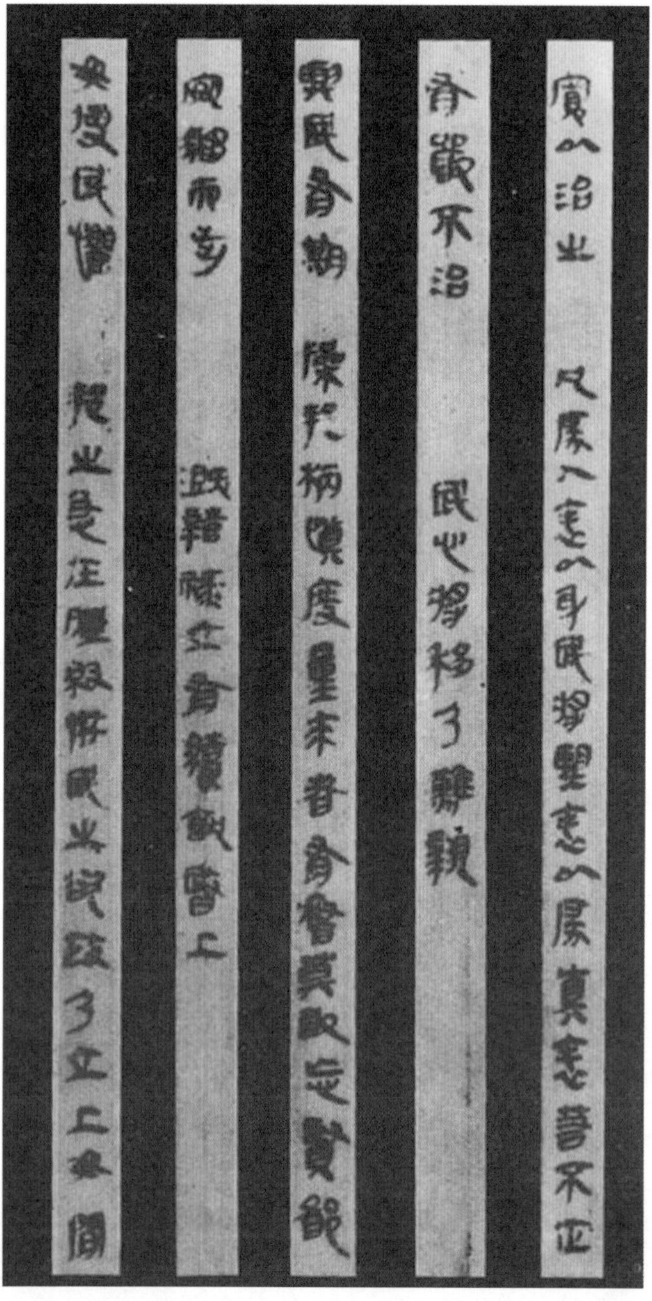

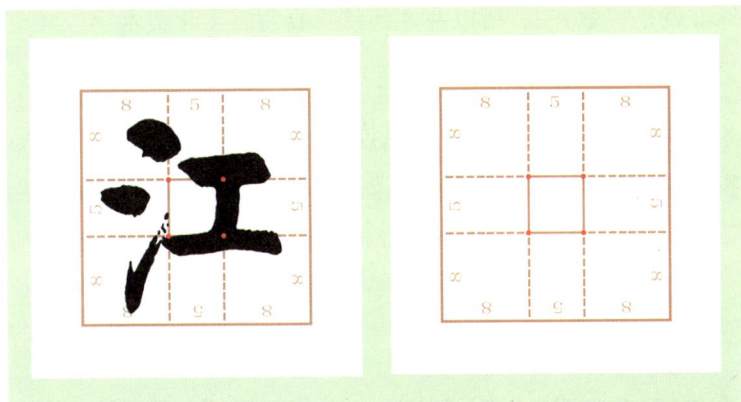

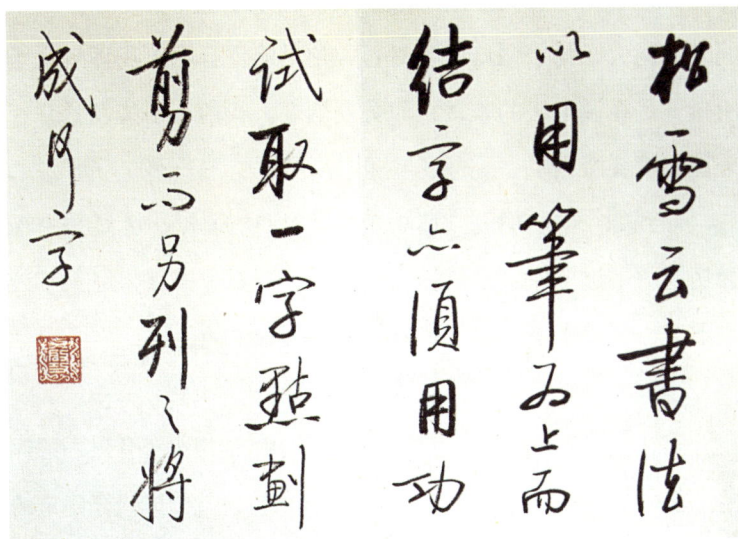

▲ "回"字格
"黄金律"约略是八比五，回字小口的四个角是中宫"中心"。
可讲制图。

▼ 夫子手札一开，关于运笔和结字，夫子和赵松雪的"官司"。

◄ 睡虎地出土《秦律》
一些两千年不见天日的竹简手迹，夫子五十年前就等着它出土呢。正体还是篆书的秦人手写实物，大家觉得有没有隶书意思？这东西标志着中国字圆笔画和方笔画相揖别，也说明王羲之不是必须用凿子写字。夫子看它，美过仙女。

标准就是"整齐"。所以我才认认真真写二十年美术字。我也是"幼时孤陋",身边也没有遇到启老九或者启教授。我幼时,文化环境也孤陋,大标语和宣传栏就是字帖,那是暴力美学,我是受铅字影响。不难理解,读夫子的书,在我不啻黑屋打碎。一层窗户纸捅破了,一个鸡蛋立在桌面上了。我一下就接受了。

有一回,夫子私下聊书法,依然是那样的形象思维,语妙神飞。说起刘炳森先生的书法,夫子想象地说:要是把一个不同时,同大小的字搁灯底下对着,怕是能重合吧。我理解夫子所指,是在说书法的欣赏,非关刘炳老。我的心不禁发紧,一个理想境界垮塌了。

扯到如今电脑用的"启功繁体""启功简体",无疑是一项大功德。不过字库就是机械,不是横平竖直也机械,好象基线也不准,字排小了、多了,效果不甚理想。

第二个定律,是关于汉语声调——中国话像火车开过一般铿锵。这种抑扬的、铿锵的语言,发展到律诗,就形成规律确定的格式。这格式就是诗的"格律"。那不是规定,是平仄有机排列进化的必然。夫子由此推导出律诗的格律,指出格律的本质。

夫子的第二本专著,《诗文声律论稿》,写厚删薄,几易其稿。终于成书之后,文革开始,稿子又反复修改十年。到晚年,夫子对这本著作,还在修改。我见过夫子小楷誊抄、油印的好几种稿本。

书中提出一个汉语声调的基础。汉语的音节规律，就像火车开过，富有铿锵顿挫的节奏。我想象，每组两个轮子，每节车厢两组，依次通过钢轨接缝，咣咣当当咣咣当当，写起来平平仄仄平平仄仄。

又因为如此延续，不拘句长，可称为文字竹竿。好听的句子是在这竹竿上截取的。其截取的方法，以五言为例，不外四种。固定组合四种句式，就成为绝句的规律：

　　　　仄仄平平仄，

　　　　平平仄仄平。

　　　　仄平平仄仄，

　　　　平仄仄平平。

先得出上面的基本规律，是诗文声律的集中表现，再推广这个定律，直至所有诗文。推论的过程是逐类扩展，由五言绝句推及五言律诗，再加两个字推及七言绝句和七言律诗，再推及四、六言，推及词曲，由经典文章为例推及骈文，推至散文。

这种完全归纳，推及汉语文体，证明结论的方法，是科学的归纳法，也是夫子几次说起陈垣先生教导的竭泽而渔的方法。这方法的严格使用，以夫子一篇汉语语法的论文最为好玩。文中以王维的一句诗，研究汉语语法的灵活性。

王维原句是：

长河落日圆——写得有诗意。

夫子拟写了：

堅淨居雜書

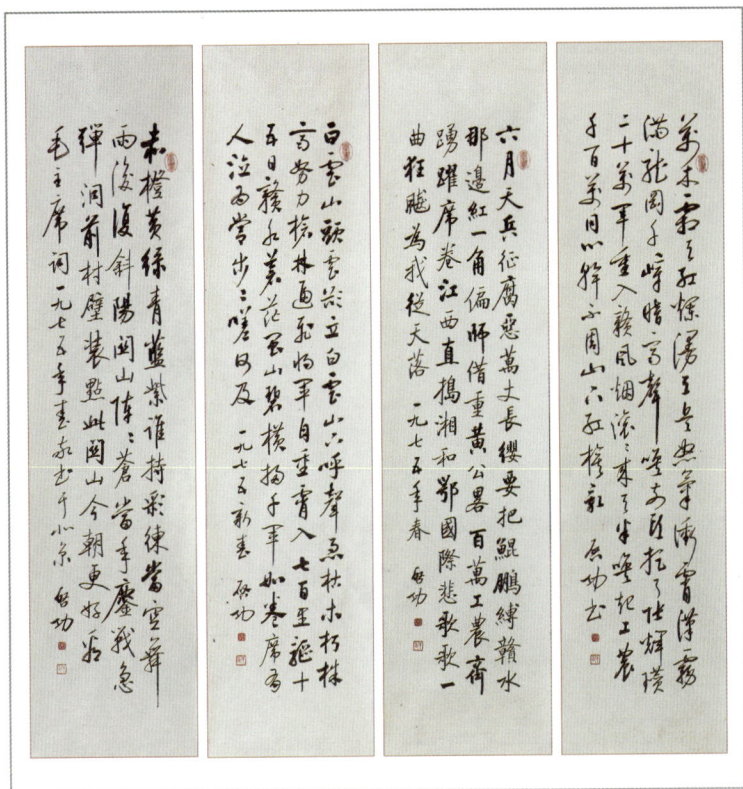

▲ 夫子四条书屏。四体并置，为夫子法书仅见。
郭先生私人收藏，可讲摄影。

◀ 珍贵的夫子书体作品
左，夫子"会白不会飞"的飞白体作品。写为鼓励替夫子按纸的先生。
右，不多见的夫子隶书字。两件都是夫子写着玩儿呢。

河长日落圆、

圆日落长河、

长河圆日落——认为可用；

夫子还组成了：

长日落圆河、

河圆日落长、

河日落长圆、

河日长圆落、

圆河长日落、

河长日圆落——认为可以救通；

夫子真把上面六句说通了，比如做了一个对子：

巨潭悬古瀑，长日落圆河。

没忘了：

河圆落长日——这句夫子觉得真不通了。

这个"定律"，从简单集中的五绝，到八股文等散文，皆是。八十年代，夫子还从文章结构研究了八股文，写过一篇《说八股》的专论，引起同好专家的和鸣。是那个时代文风改变的一种先声。

夫子大著，这里只能简说，挂一漏万，搜读原著不难。夫子的著作，行文浅易，不故作高深之论；论证严格，象理科的证明论文。这两个结论鲜明的"定律"，很能代表夫子学问的特色。

痛 心

夫子的夫人，姓章佳氏，讳宝琛，满族。夫子是所谓"包办婚姻"，两人的感情始终相好，人所共知。

满族人家的姑娘，比汉家女孩儿，在家里更有地位，在社会上也不差男人，起码不缠脚是一个理由。这个原因，可能跟满族姑娘要选秀女，有提升家庭地位的机会有关。满族姑娘与兄弟之间，关系平等，不同于汉人。社会上，满族姑娘甚至有"拜把子"的习俗，相互以年齿为序，称呼居然是"大爷""二爷"。

由此可见，章夫人比我们想象的，要更有承担。夫子记述说夫人贤惠，我们容易往"能干"方面去想，怕你冷、怕你饿一类。但夫子指的，实质应该是"大度"，有正主意，是贫而持家主事，贵堪母仪天下的那种品德。

夫子由母亲和姑姑拉扯带大。婚后，到了老人需要孝敬的时候。夫人照顾了夫子的母亲和姑姑，而夫子做事养家，"贫贱夫妻患难心"，是两人的感情基础。

夫子有《痛心篇二十首》，其中说：

> 相依四十年，半贫半多病。
>
> 虽然两个人，只有一条命。

朴实的语言，寄托诚挚的感情。这个主题，夫子反复写过，

维摩病说求道理我
翔病咳嗽不已咳嗽不
已说求道理说尽道
理咳嗽不已此古德
名偈戒夫久咳故书
云云以代说理 元白功

奋志奋方问正目
正因一事不曾闲七
零小驾袭裳有
慈浮凌霄簌片
雾古德偈语世传来
学门榴小然 启功

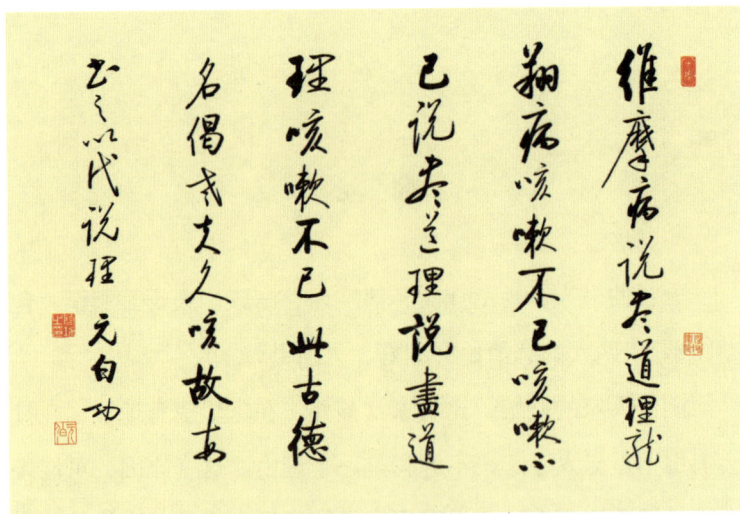

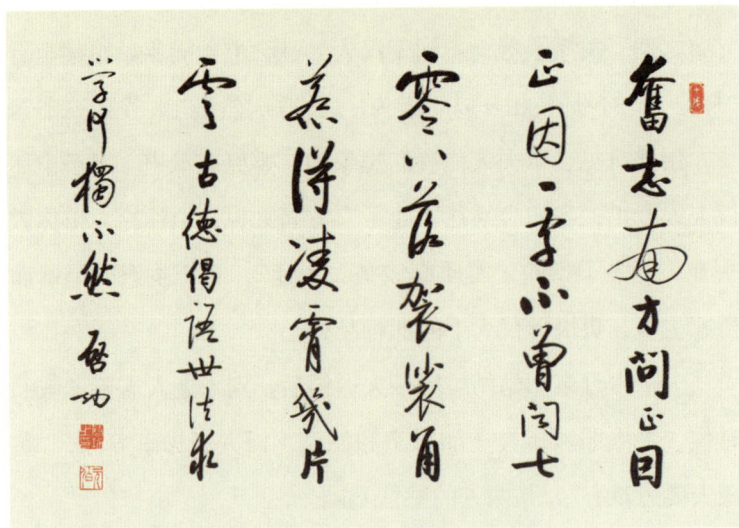

▲ 夫子书古德偈语两帧。夫子咳嗽不已，写此偈语当说道理，
贫病之境雅兴如此。

▶ 夫子在浮光掠影楼书案。夫子
书房，长期挂着弘一法师的横
幅，南无阿弥陀佛。

都是无限悲怆。

后来母亲和姑姑相继去世，时令不好，夫子和夫人搬进了章夫人弟弟的家里，夫子内弟的家。这地方是北京小乘巷胡同，所以夫子雅号"小乘客"，有一回在小乘客落款后面，夫子自注："不是石涛"。石涛名号混乱，大涤子，小乘客等等。小乘其实也不是说夫子的信仰，夫子皈依，应该是大乘。

夫子搬进内弟家，与汉人的情况不太一致，满人是看重内亲的。这容易理解，因为比汉人看重姑娘，而主妇即是岳家的姑娘，自然就会重内亲。例子有，据说康熙殡天时，就只有隆科多在身边。隆科多，即为康熙的内弟。

夫子仙去之前，身体健康状况有一个陡然的下降。因为在那时相处多年的夫子内弟，章老先生过世了。按说夫子已经年过九旬，多少老人对亲人故旧的离去是不知情的，可是夫子不可能，虽设法遮掩，无济于事。

夫子日记，保存了夫人病重、夫子在中华书局校书的一段记录，真是"贫贱夫妻百事哀"。夫人去世，社会正是浩劫后期。夫子一生，情感多次为亲人去世而摧残，早就修得神经强韧，也不能不再次丧心，神情具为之空。夫子在医院的公众环境，必须背人，而伏身为老妻诵经，可以说这位平易老人已经豁出去了。诵经见心，此外实在是莫可如何。那种处境，人依

然是至情至性，可知活的意义更在精神，至今设想，教人三叹。

当年夫子的母亲、姑姑相继去世，处理完长辈的丧事，夫子请夫人坐了，恭恭敬敬地给自己的夫人磕一个头，感谢夫人分担自己孝敬老人的恩情。初听这个故事，我理解两位老人的感情何以诚挚而至深了。

有一个人这样地懂得你，才教人时时在心，一生相许。

夫妻是人伦第一。夫人与夫子相处同心，夫人过世后仍然长期牢牢地活在夫子内心。夫人的五周年忌日，夫子还要"别来无大过"地反省，如对生人。

夫子的精力，总是在那些书籍字画上面，夫人自然清楚。"文革"中，夫子很多东西抛弃了，夫人却不舍夫子画作，偷偷地把夫子的画，撕掉装裱的边轴，藏了起来。夫人去世后，夫子才偶然翻出。这怎能不使夫子睹物长叹。

夫人去后，夫子更加沉浸书画。夫子甚至宣称："作书之事，今在老夫手中，饮食之外，重于男女。"

我一直向往三、四十岁时期的夫子，想像如果有这么位朋友，该多么有趣、有益。可惜时光如栅，隔人以远。

遥想夫子当年，结褵正好，华丰才茂。这样人物，不令人向往吗？有女生注意到吗？当时有什么逸事吗？夫子那时候在学堂，教书教画，有一些女学生，都是社会新派。而那时候的社会，有郁达夫、徐悲鸿的故事流传，天赋的人情获得一些新式人物的宽容。

▲ 1980 年代的辅仁大学旧址
北京师范大学校史资料

▶ 青年夫子和同人

然而，夫子没有故事。

后来编全集，景怀先生整理出了整箱的旧稿，我们在归类的时候，见到过些夹带的女士照片。印象中，像人儿是那种知识类徐娘，纸片儿包了，注几句简况，比夫子诗歌里面提起的具体生动。这有嫌窥探大人隐私，想细看又觉得德行不便，赶紧原样放回。

夫子天上笑呢，在乎自己要《赌赢》。

钟敬文老先生公子钟少华先生的《启功老爷子如是说》，文字真切有力。文中记述，夫子已经很老了，到有一问：中国男人一吃饱了，就想那个，是怎么回事？

这个问题，我比夫子奇怪。

我觉得"中国男人"的事情没什么不好理解，常情如此，就那么回事。我所不解是夫子有此一问。您老真是神仙么，还怎么让我们学？

音容宛在

一九七七年，夫子作了一首《自撰墓志铭》。这正是夫子生命第三、第四阶段的转运间隙，诗做得意味深长。后来在万安公墓，景怀先生设计夫子墓园的时候，选择在墓志碑阴，镌刻了夫子这首诗的手迹。

自撰墓志铭

中学生，副教授。博不精，专不透。

名虽扬，实不够。高不成，低不就。

瘫趋左，派曾右。面微圆，皮欠厚。

妻已亡，并无后。丧犹新，病照旧。

六十六，非不寿。八宝山，渐相凑。

计平生，谥曰陋。身与名，一齐臭。

夫子生平的早期资料，披露不多。到夫子九十多岁，《启功口述历史》出版，算是有一个完整的生平。其中早期经历，资料仍显单薄。大略地知道，夫子早期就是向学，一门心思地学，有心并默默地学，是生活的主题。时间已远，就连夫子自己的口述，关于上学的细节，也是由收集汇文校史资料核实的。

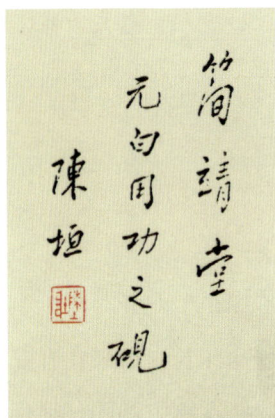

竹简斋
元白用功之砚
陈垣

▲ 陈援庵先生为夫子题写的堂号和砚铭。
▼ 夫子早年题签，可见书体由来。

▶ 花笺自撰墓志铭手札

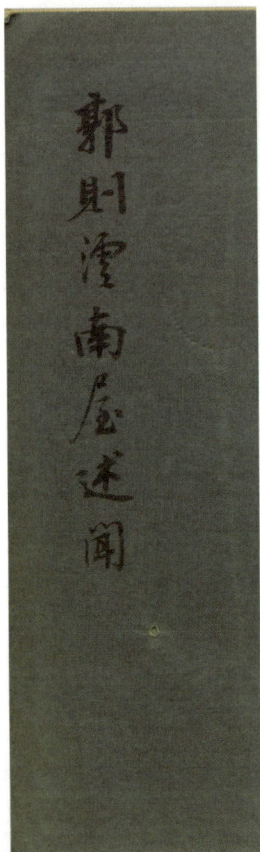

郑堂读书记

邵亭知见传本书目 己卯七月
元白题

自撰墓志銘 一九七七年作

中学生副教授博不精專不透名雖揚實不

够高不成低不就尷尬左派曾右面微圓皮欠厚

妻已亡益莫後妻喪猶新病照舊六十六非不壽八

寶山漸相湊計平生諡曰陋身與名一齊臭

韵腳上去通押六讀如溜見顧亭林唐韵正

81

夫子保存一方砚台，刻了陈垣老师的砚铭：元白用功之砚。是一个实物说明。

辅仁时期，夫子的许多资料借辅仁校史得以保存。再后，夫子有一方闲章，"闾里书师"，浮沉于闾里了。劫波数度，有意保存的资料更加难得了。

夫子晚年的闲谈里，曾经对我们聊起，七八岁时，看到别人遛鸟，夫子把一只鸡雏装在笼里，也去凑热闹。看到他来，别人都把鸟笼挂得远远地。晚年夫子失笑于自己的外行，别人是怕鸟儿听了他的小鸡叫，把"口儿"学歪了。

夫子没有这个俗世闲乐的环境。

虽然世系是天潢贵胄，实际上夫子成长的家境是传统的书香门第。因为父亲、爷爷的去世，夫子早年经历了生之艰难。

时代的必然，使夫子连续经历了近代史一系列大的事件。作为一个旗人，夫子经历了辛亥的巨变、修改对清廷优待政策的事件、北伐、东北沦陷，如果设身处地，能想见那感受与一般国民自有不同。而下来的抗日战争、建国、"反右"和"文革"，影响也是至深。加上家庭在上述时期的凋零飘摇，所有这些国事家事，不能不在夫子的性格中留下影响。

在一位汇文校友的家藏里，我们见到部分当年的《汇文年刊》，关于夫子，有一些细节记录。

一个署名"志铭"的同学，写了一篇短小的印象文字:《启功》。翻看年刊，并非每个同学都有简介，想见夫子当年在同学眼里，应该是个有个性的主儿吧。全文是：

元伯启功者，世居旧都，睹其貌，观其服，知其然也。言语诙谐而恣肆，举止倜傥而乖僻，见者疑其狂，实则笃信坚贞，恺恻之士，余独知之焉。每寄意于诗词书画，时有恺恻之音，荒寒之韵，流露其间，则可见其不仅爱好已耳。无能逐世，又不能合污同流，故宁学商，所以苟全性命而已。与余相交甚深，乃略叙其身世云。

这是同学眼中，二十岁之前的夫子。以我们现在熟悉的夫子相比较，有些一贯的气质，如"诙谐"，如"笃信坚贞"，如"寄意于诗词书画"，而且"不仅爱好"。还有"无能逐世，又不能合污同流"的态度。

有不复依然的姿态，如"恣肆"，"恺恻"，"狂"，应当是后来的日子里收敛了吧。"有志于学"的信念使人提升，世路多艰的经历教人晦光。

其中"倜傥而乖僻"，"荒寒之韵"的张扬，怕是消磨去了吧。

另一期学刊，在图版页上，有四位同学的风采，夫子也在其间。年轻人的搞怪向往，其他人有礼帽洋服、美女高根的装饰，夫子则是作袈裟念珠模样，口称阿弥陀佛。不到二十岁的夫子，真实已经是个十几年的小沙弥，这个精神面貌并不突兀，与多年后的夫子是一致的。

启　　功

元伯啟功者，世居舊都，覩其貌，觀其服，知其然也。言語詼諧而恣肆，舉止倜儻而乖僻，見者疑其狂，實則篤信堅貞，愷悌之士，余獨知之焉。每寄意於詩詞書畫，時有慷慨之音，荒寒之韻，流露其間，則可見其不僅愛好已耳。無能遯世，又不能合污全流，故寧學商，所以苟全性命而已。與余相交甚深，乃略叙其身世云。　　——志銘——

滙文年刊
1931

SUPERIORS OF PEKING ACADEMY

The fat of Mr. Chia
The head of Mr. Che
Mr. Kao's a pair of feet.
Mr. Kê's charming wife.............................
And that,...that you will find in the
year book of 1932.

▲《汇文年刊》散页书影
　汇文校友马先生旧藏　可讲摄影

有一位文博世家的老先生，在描述先人眼里的夫子时，讲过一个细节。年轻的夫子当年常去这家开的南纸店，与店东渐熟。老店东愿意和夫子闲谈些博古文玩，心里经常担心夫子的健康，担心他会年纪轻轻劳累致死。这个印象后来还能记得，说明夫子当年过分用功，身体赢弱。

家教所致，想夫子那时是文质彬彬的样子吧。夫子曾经给人留下恣肆与狂的印象，却也是年轻人不怕表露的张扬。是什么时候，怎样的故事让夫子失去这些少年率性，修养得敦厚稳重。从目前的资料看，家教之外，夫子自己立志向学，主要通过古典文学和传统书画熏习品德，直如一块璞玉，把自己打磨得温润光敛。我裁修了一张夫子三十多岁的照片，谦谦君子，雅怀有概，今天不易得见这样人物了。

夫子最显著的性格，是谦己让人，有许多事迹流传。早年有这样一件比较关键的事例。

夫子往辅仁大学谋事，已经被辞退两次。陈垣校长不死心，又在校长室找到一个秘书位子，派人去找夫子。人家找到夫子，告知这个重要消息，但夫子照例还是要说些没有做过、怕做不好的谦虚话。可惜来人不跟他客气，打住话头，回去告诉陈垣校长，说启元白不愿意。这不算假话，其实人家正有个现成的人推荐给校长，才是真的。

试想，家里靠夫子养活着母亲、姑姑和夫人三人，又值卢沟桥事变就在眼前，国难家难的现实压迫，这个机会多么关键。夫子对自己的"谦虚"是否有过悔恨呢？从后来情况看，夫子对此事印象至深，可是依然谦逊故我。性格习惯是一个人身上最稳定的品质，谦虚也的确是从人生大局看来更宜生的高尚品德。好在命里有时还是会有，稍后夫子再次被陈垣校长招回，这次是做助教。

说及此，夫子讲过一个故事，说宗老溥仪改造成为一个老百姓的时候，有一次坐公共汽车。车太挤，到站的人下不去，售票员请溥仪等门口的人先下来。等到站的人下完了，售票员要溥仪再上，溥仪打着躬说"您先，您先"。人家售票员就上车关门，把溥仪放站台了。

谦虚的境界，是一个人外取的知识越来越多，于是认识到知识之不可能取尽，就认识到了人总会无知。而这个人总会无知的意识，却是真知，是智慧。知不足的智慧，发而成为谦虚。

牛顿说自己只是捡几个海滩的贝壳，爱因斯坦说知识之圆的面积越大，无知的周长就越长。我们把看到这样子说话叫做谦虚，说话者自己却是真那么认为的。这就是境界的分别。谦虚，是判断一个人知识是否多到产生智慧的标志。无论世风怎么变化，这个标志没有例外，故而，是人类社会潜流着的规律。

卫视报道书界名人，秦永龙先生受访，栩栩然千家万户得见。秦永老度步书廊，赫然有夫子像高挂。秦永老双手向着夫

▲ 夫子收到新书
本页照片均为可讲摄影

◀ 夫子聊天的六个瞬间，约在 2003 年。
◁ 夫子答谢年轻人献花

子像介绍说：这是当代王羲之、我们的导师，云云。我见到夫子，报告电视新闻，学习秦永老的样子。夫子闻之而起，亦学我的样子并说："这是当代活宝"，一派赤子神态。

敬人是夫子做人的又一个显著性格，因为于己严，能够待人宽。大家有很多夫子待人恭敬有礼的记录，都是出自亲身的感受。我初到夫子家里，看到夫子起身迎人，送人出门的情景，虽年高不便，虽面对如我这样的闲人，态度相同。

这出乎我当初想象之外，常在心怀。渐渐悟到，夫子是道德境界如此，我不必太过自做多情。人的境界天壤有别，为文自不必在一个面上自以为是地误读。

同样的事情，在我的境界一面，就只能说，敬人的道德就是大人礼遇小孩儿。礼遇，就可以和平相待。不礼遇，就吐你脸上，看谁做得出来。

所以世人说谦虚、恭敬等高境界值得歌颂，心下却想着那肯定吃亏，自己只是敬而远之。实际是不体会前贤积累的"道"，不知道学而为人的路。以为自己比往圣大德还机灵，虽甘于流俗，不妨碍自以为得计。

学，其实就是照着作，不是用脑子记，不是用嘴来说。我境界如此，心得如此，正好不怕见得我无学。现在我已经知道，唯其夫子已经学过想过做过，我就可以埋头向着夫子，只顾依样葫芦。先做起来，一切不管，以希望终究有一点提高。

　　夫子对自己的文稿，极端认真，我见过的手稿总是一再地查，反复地改。夫子待人公认地和气，有一次，编辑对稿子做了一点自己的改动，夫子还是明确告知为什么不妥当，自己不同意，不高兴。每回夫子的新书到手，都会取一本，仔细校看，把不妥标在书上。封面写上"校本"，留待再校时记录，再版时改正。

　　与之对照的，别人关于夫子的描述，夫子并不认真。我想这容易明白，人毕竟各说各话，只能自己对自己负责。

　　夫子敬服汪容甫，早年自己买的第一部书，就是汪容甫的《述学》，一直留在身边。汪容甫也是幼年丧父，一心向学，与夫子经历有所相似。夫子称汪容甫是文伯、经师，心里认同。

　　文人是个有趣的东东，说有趣是情感上把人生安排得自我安心。夫子向往汪容甫，而汪容甫向往刘孝标，一代一代，亦步亦趋。都在前辈身上，找到自己人生的价值。

　　夫子晚年的书法，常爱写汪容甫作的文辞。到了夫子九十垂老，还曾专门寻访，到汪容甫墓前鞠躬凭吊。

　　由于喜爱，夫子曾在一篇札记中，误把汪容甫书法所写内容，当作了汪容甫的自作。发现之后，夫子专门为文，承认了自己的错处，严肃地认错。夫子在文中说，这是经历劫波曾经"被"反复认错之后，"真有错、最诚心的一次自讼"。

　　夫子有个说话的习惯，不同意，或不愿谈下去，会说："那

▲ 夫子早年购藏，一直随身的汪容甫先生《述学》书影。

▼ 汪容甫先生墓园
章景怀先生摄影

▶ 夫子书汪容甫先生《琴台铭》

除山新石之中广厦
细柏之上台游所寄
奥乎刻苎

其书赠句
一九八三年启功

93

我就不知道了。"或者叹一口气:"哎,没法儿说。"

比如,《论词绝句　史达祖》

> 顾影求怜苦弄姿。
>
> 连篇矫揉尽游辞。
>
> 史邦卿似周邦彦,
>
> 笔下云何我不知。

这诗绝似(当然就是)夫子语言,就是这种说话习惯的诗。

另有一首诗,是这种态度的夫子自道。

诗表面是说,大家都叫太行山,可是有人偏要念做"代形山"。你如果纠正,还肯定跟你狡辩,还敢自信地拉你去问老师。

而这老师,来了竟至说:没错,就叫代形山。

诗的高明在于,你还委屈地正要感叹,老师说:这人不是没有知识,是不准备有知识,还怎么讲理。只有"令彼终生瞀",让他瞀着去,就完啦。

这样的话,还有说韩愈的,"退之谏愚夫,贬逐临其身"。

说伍子胥和吴王的,"胜败由自招,何待忠臣管"。

这些态度,是实事求是的,是有用的。因为看得清楚,所以懒得去争。

夫子的九世祖弘昼,和亲王,是雍正皇子,乾隆皇弟。这

个人张扬跋扈，很在乎争。当然，他也有条件去争。也因此，小事他全都争胜，大事雍正就让他输了。这人活的就是个不明白。夫子说他"抢尖儿"。这是争的祖辈。

夫子的四世祖溥良，辞掉了皇族的世封。靠自己向学、科考，改变门风。是个不争的祖辈，

家族的这些历史和血缘的积淀，使得夫子不仅天资聪明，而且灵魂悠久。夫子做人，是脸冷心热。这些事，夫子看得清楚。

在夫子看来，做人最不堪的，不是蠢人，当然也不是穷人，是妄人。因为烦他们，有时候竟至生妄人的气。夫子到大英博物馆看敦煌写经，有一个题跋：

一九九六年十月十日下午，获观馆藏敦煌经卷，其中有晚唐五代写生（经）。拙笔所书者，闻有妄人指为伪作，因为志此，以奉告典藏诸君。自古法书有真有伪，而此辈妄人呓语，切莫听也。

妄人不是无知的人，妄人是无知并且敢干的人，妄人的特点，是自我感觉很好。根据这个定义和特征，想不做妄人，靠自己自查是不行的，人应当有这个警惕。你要想让妄人站出来，就好像要求没来的举手，结果都会是"没有"。要想使妄人少一些，只好祷求形成一种风气，请大家自我警惕。急不得。

但是夫子这回，文气里是不是有些急了。夫子的题跋，所在多有，容易读到，文字不是一般地好，是很好。这次，夫子一急，连文采都下降了。足见妄人的烦人。

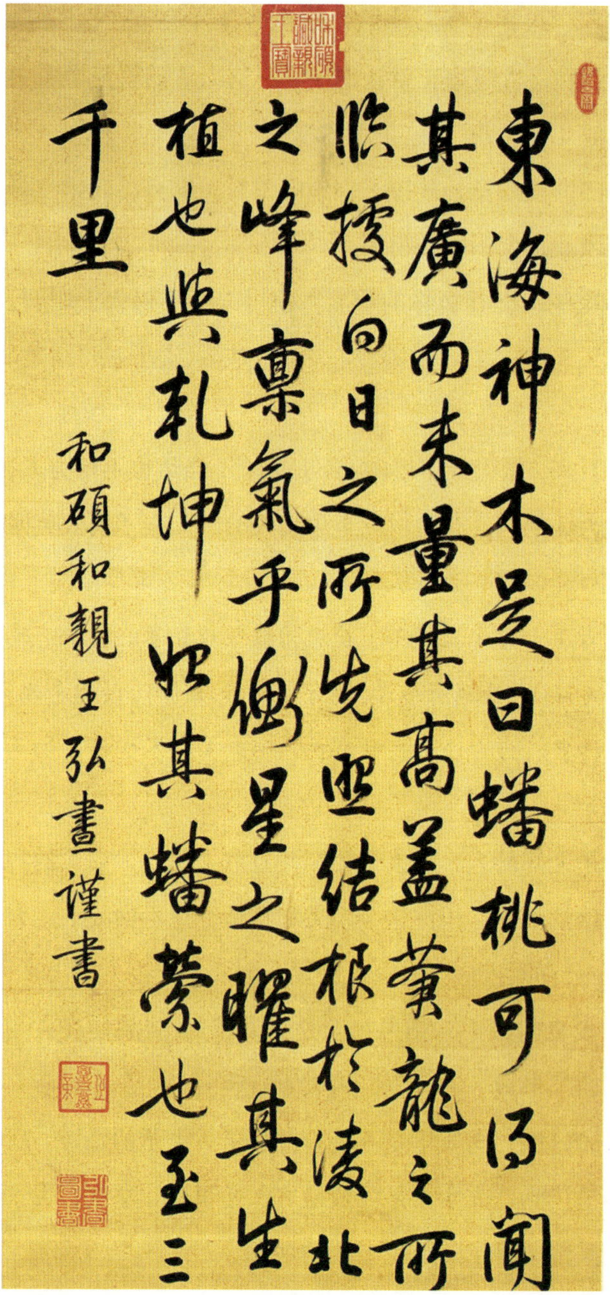

东海神木�র日蟠桃可以为阖
其广而来量其高盖黄龙之所
临援向日之所先座结根於凌北
之峰禀气乎倒星之曜其生
植也興乾坤如其蟠萦也玉三
千里

和硕和亲王弘书谨书

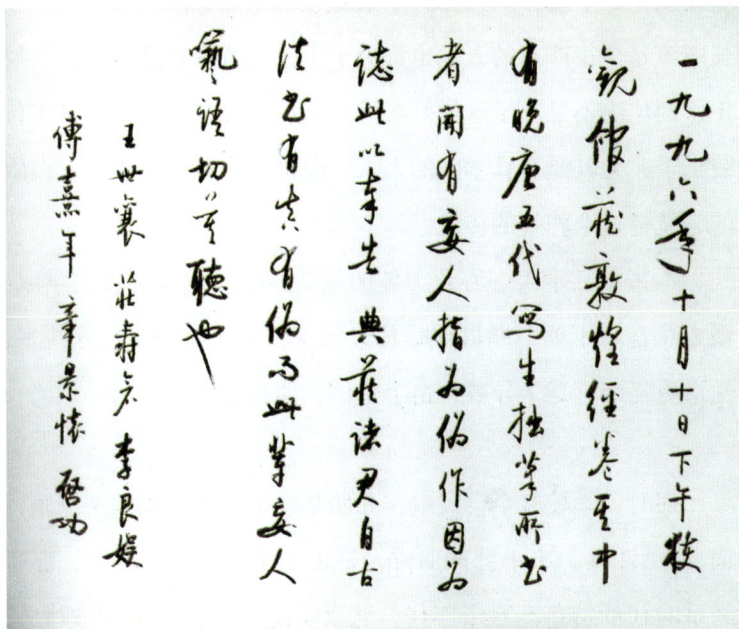

▲ 夫子写留大英博物馆手札，后留名者同
　行也。

◀ 和亲王手迹。和亲王福田广大，生于皇家，可惜是个不修的人。

刚才说夫子佩服汪容甫。汪容甫这人学问了得，待亲至孝，但应该是一个很狂的人。夫子最佩服的只能是陈垣校长，但校长应该是个很严肃的人。也许夫子不愿意我在这儿这么说，反正这两位决不是夫子这样好接近，这样"随和"的人。其实传统士子，尤其是有真学问的人，一般都很有脾气。青眼、白眼的，就是这个脾气的传统。

本来嘛，学人一心致力他的绝学，唯一的目标就是学成，精力总是嫌不够，懒得理睬凡夫感受。夫子顾及得比这些多，性格更复杂，是个异数，是个个例，值得细致地探讨。

那时，学校有个会议室，开始是挂了一张横幅的毛泽东诗词，《满江红》小小寰球那首，是影印手迹，放得巨大，那曾经是时代的特色。八十年代，北京学院区的很多巨像被移去，这张手迹这时候也摘下来。学校说：启先生写一幅吧，地方空着，也不好看。

夫子当面推委了。其实是找理由坚决地拒绝。

那时候，夫子给学生示范，六尺整纸一挥而就，即使更大些，又有何难。后来底下听到夫子的理由，那个地方，我不敢写。

那个地方，到第一届教师节的时候，还是挂了夫子庆祝教师节的红竹图巨画，但那是一幅画，地方也空了一段时间了，应该跳出了瓜田李下情景罢。

我觉得夫子有一个修养本事，仿照"猪跑学"的叫法，可以叫做"夹尾巴学"。当然我这是恣意胡说。但夫子教我懂得，尾巴对于人确实是没用的东西，翘来翘去只是个本能没进化好的表现，不拿来翘应该能表示文明进化的程度。

过去，学校八楼有一个核心会议场，举行重要仪式或会议，名教授经常被叫来参加或列席。这些老先生总是先到，三三两两地聚谈，等待。有一回，也是这种情况，一位会务的年轻人在台口拍着手，叫着"过来一下，我讲讲贵宾来了的注意事项"。老先生们不以为然，动作较慢。夫子第一个快走到会务对面两三米，脚分开手背后，身体直立。我印象深刻，只是到现在说不出，夫子这么乖，是积极配合，还是略有微讽。

《启功书画集》的首发仪式，在人民大会堂举办，是一般讲话加发言加照相的形式，可能是最高的这种形式。来宾有领导，书画界大佬，社会活动大家等。夫子应要求，坐在主席台的大沙发上。仪式近三个小时，别人都深深地坐着，只有夫子，抱着拐杖，始终跨一个沙发边儿。

这样子的谦虚和恭敬的态度，好像小步急趋的古礼。会场熙熙，夫子以为大家感觉如何？大家在乎吗？

自制需要一个神经强健的前提。儿童或病人就自制力不足，可见自制对一个人的重要。所谓夹尾巴，是做人神经强健的特征。

▲ 夫子在北京师大和全国政协写字的场面

▼ 巨画《红竹图》，写奉第一届教师节

我小时候，毛主席伟大是知道的。心里有个小疑问，他老人家写字怎么不在格子里呢，这样行吗？后来知道了草书一回事，就是从毛主席的手迹知道的。但是如何只从欣赏书法的角度，不受其他因素影响地欣赏，依然没有能力。

较早时候，有机会和夫子聊天，我把这个问题想起来，请教夫子：先生，毛主席的草书，刘文杰先生说一件就顶他收藏的全部，是从艺术上说么？

夫子说："毛主席的草书那当然是好哇。"

我不满足，说：那您觉得呢？

夫子说："我是心服口也服。"

我还不放，想听夫子细说：那您也评论一下呵。

夫子说："要说评论，就是那些人当时搞得就他一人能写了。"

全部如是我闻，就这三句话。我当时回来还记录过，安了心了。

另有一回，夫子自己谈兴正浓。夫子说，写字好是因为我的手好哇，我的手这里很大（大拇指最下一节关节）。

我一下子兴奋莫名，由叨陪听众变成现场抢答："先生你看，我这里也很大。"

夫子奇怪地看我的手一眼，悻悻说："说着玩的。说着玩的。"这句话的神采，与刚才变作两人。

这件事我在脑子里过了多遍，有一点认识。同志们呀，历史的经验告诉我们：要做老实人，做人不要太老实。夫子闹着玩的时候，"大爷高乐"，我不应该太老实，破坏气氛。待到我破坏了，夫子本当对我说："是啊，咱俩这手就是武功秘籍，别人没有。"这才是继续"大爷高乐"的性质。怕我受不了，自此以手自鸣得意，夫子老实了，就把自己的情绪给打断了。

由是我得出结论，夫子说话是机动灵活的，好像宝马汽车一样，一档二档，制动拐弯，都是强项。由是想到，把听过的话要重新回想，话都有音，毕竟学而不思则罔呀。

我还"逼问"过夫子一回。我请教：先生，我听人家说，您可是有神通啊。

夫子说：那可不是迷信嘛。

我再请教：可是人家说，您的神通是跟日本人学的。

夫子说：跟日本人学也没有什么，那也是中国的学问。日本人也是跟中国学的。

即非即是，以下没有了。夫子信不过我，只挂到一档，不给油了。

夫子五十岁的时候，很有些传说的故事。比如，三十来岁一学生兼朋友去看夫子，据说夫子正在胡同里，搬出炉子生火。夫子看到朋友来，特别高兴，就说：我知道你今天要来，我桌上有给你的字帖，准备好了。

这故事我看来没有什么。但讲述人说，那时没有电话，

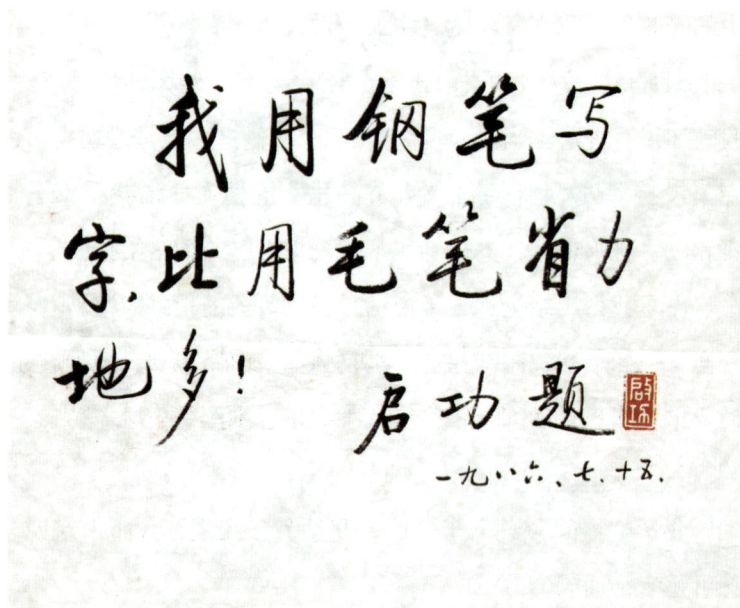

我用钢笔写
字,比用毛笔省力
地多！

启功题

一九八六、七、十五。

▲ 钢笔省力，说明书法比写字复杂一些。

▶ 其实是写坏了的一幅作品，那也被藏家强要去了。

石出俟聴楓桑

下櫓搖背指菊去

平后功写坛

并不常联系。夫子自己说他知道朋友要来，猜中的可能性小。而且说，这种故事经常发生，他经过的很多事，都被夫子预见。

这类事情，按一般解释办法，可以说夫子猜了多次。事情神，是因为没有猜中的都不会进入印象，

有一位陈先生，讲过一个故事，比较曲折。

一段时间，陈先生反复梦见自杀的姐姐，在地下处境凄凉。在梦里姐姐还讲了一个事情，说姐姐不是自杀的，而是被姐夫害死的。姐姐进而说，姐姐不怨姐夫，但现在背一个自杀的名做鬼，不得安宁。

陈先生的姐姐家在河北，去世已经十年。近来，这个梦反复出现，陈先生很苦恼，就和夫子说了。

夫子想了一阵，说，你要回去一趟。又告诉陈先生如此这般。

事情是陈先生回到老家，已经傍晚，约了姐夫见面。按夫子说的，陈先生不叙别情，要求姐夫道：我明天清晨到姐姐坟上烧纸，你也要来。你要带一张纸，写上姐姐是你杀的，你现在很对不起她。我看着你烧掉，就回北京。

陈先生的姐夫没有说话。第二天一切依照要求进行，陈先生说夫子教导，姐夫写的字，只看而没有拿。之后就没有梦了。

陈先生还说，改革之后，曾见过一次久没联系的姐夫。姐夫已经很老，告诉陈先生，他曾经得了十年"缠腰龙"，百治不愈，上次的事之后，倒是好了。

我没有一下同意陈先生说夫子有神通的结论。好像事关刑事案件，但是又滑过了。是夫子看穿了这件事情，还是陈先生崇拜夫子，创作了这件事情？

作为一个故事，这事有些意思。

黄苗子老写过经典的怀念文章，说夫子是真正的"通人"，应该给夫子上一个尊号:启文通公。看来,人事通时,神也能通。

我倒是亲历过一件事情。一天夫子说，有位先生不行了。身边人问，怎么不行。夫子说，"噗"，吹了。

我说这位先生不到两个月前还见过，身体看着很好。夫子没有接话。

但这位先生不几天真就走了。

后来我想，夫子虽然深居简出，是有人，有消息告诉夫子？

早年辅仁大学开除夫子的张先生，我觉得和夫子有点宿缘。张先生去世前，夫子写了"预挽"的挽联。有草拟的稿子和笺纸写的手迹。草拟的是：

预挽某先生

　　玉我于成，几度茹辛经世路。

　　送君而返，一行报德见人心。

到抄正的时候，调整为：

余冠年涉世，此君事事相扼。然当时苟相容，余之寡陋，

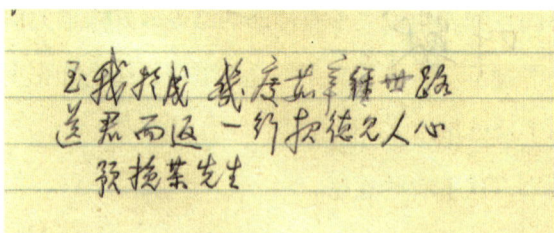

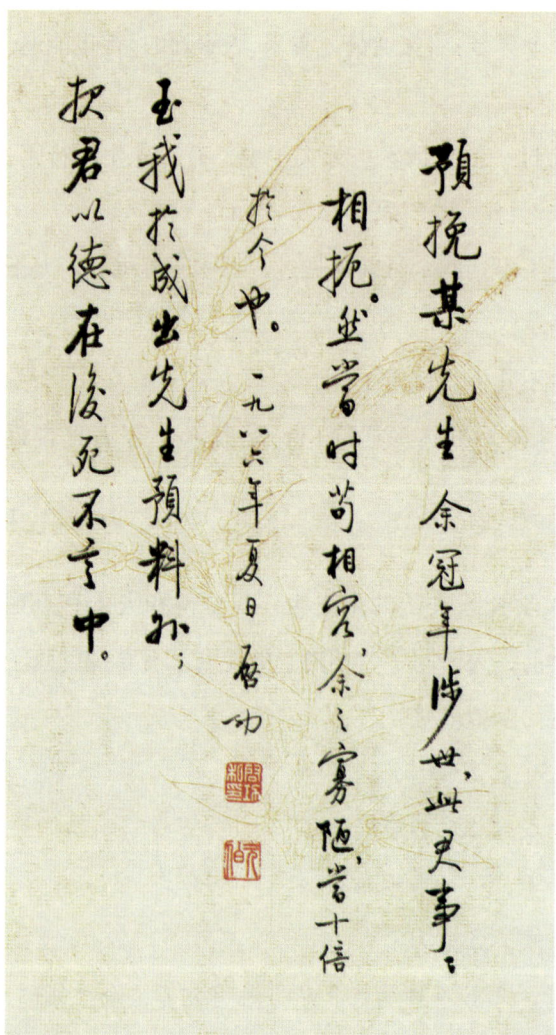

◀ 预挽某先生两稿

▲ "和""福"，卡纸斗方。

当十倍于今也。

　　玉我于成，出先生意料外，

　　报怨以德，在后死不言中。

　　　　　　　一九八六年夏日

　　夫子不可能对张先生有好感，但能够感到，张先生要大行了。仿佛命里的一场劫，所以夫子这样说应该是尽释前尘啦。

　　读这两个预挽的文本，我有些猜测，仅仅是私下猜测：

　　夫子早年的发奋向学，有一般的勉力，有此君从旁督促的结果，知耻近勇，此点文意明显，研究夫子不可忽视。

　　送君而"返"，夫子也认为，某先生是命里有缘的朋友。

　　夫子给"某先生"念过经。我没理由，就是这么觉得。

　　其实也有一个理由：夫子曾经提名另一位某先生担任书协领导，而逐流当年的这位某先生，曾经提名夫子为"右派"。就是这么回子事，不然你能怎么办？

　　菩萨立誓，要度一切人成佛。所谓的恩怨，就是你不度他，你和他就不能得度。

　　道德通，学问也通，因为实学是解决人生问题的，不会纠纠缠缠，这学问就爽利鲜活。

　　有一个胜景厅堂，挂一块匾："德红堂"。

许多高才不知该怎么讲。"德"如果要广大，应当是"宏"字。如果要"红"要"火"，那不该是"德"，也不合古人追求。问于夫子。夫子看一眼，说：就是"东堂"。东是德红切。

其堂果然在东。夫子对传统的这一套把戏，其熟悉若此。

夫子自己说，性格有很"淘"的一面。

"淘"就是淘气，孩子的心不能真坏，常常有此一"淘"。大德心如赤子，世故不系情怀，"淘气"就不奇怪。金山寺有一个写在山门前后的联语：

> 登圆通路，
>
> 生欢喜心。

我看夫子的"淘"，就是"欢喜"，是没来由的高兴，找点理由的高兴。这种欢喜和幽默感一样，是天资高的特征。

夫子自己津津乐道的淘事儿就很多。

夫子在医院难受，看见一个姑娘。人家的难受与夫子不同，姑娘其实挺好的，吃嘛嘛香，只是脸上长了一点儿胡子。

夫子不管人家的难受，也不理解大夫的处方，写诗打趣说，"试向草原群里看——山羊"。因为山羊据说男女都有胡子，无所谓。还说人家大夫的办法是"奇方——扎破臀皮打气枪"。反正也不会给姑娘看见，纯粹是捡乐子，不顾自己正病着，你看这有多闹！

大病将殆而终于无恙，夫子发为《赌赢歌》，勾销夫人生

▲ 夫子法书：欢喜中堂和右页的清正对联。

清白為人

正直傳家

戊辰夏日 啟功

113

前的玩笑赌账。夫子又忍不住要闹了。

诗里说，有人给夫子做筏续弦，夫子不要，说没有基础；进而兴来，发挥说有基没础；担心听不懂，再发挥说栋折梁摧。是闹，是犯坏，就是这么好玩。

王连起先生讲过一个闹的故事。说连起先生和老师徐邦达老有一个关于碑帖的争辩，夫子在一边拉偏手，对连起先生表态说：我举四条腿支持你。

徐邦老不解，怎么个举四条腿法？

夫子说：就是能举的我都举，完全赞成连起的观点。

连起先生就说：那不行，必须举五条腿，小腿也要举。

夫子继续：不成，那举不起来了。

欢喜功德外，夫子性格中有柔软的一面。最典型的表现，是爱小动物。

"吾爱诸动物，尤爱大耳兔。"是夫子的诗句。最喜欢小兔子，诗中说，因为它驯弱，因为它伶俐，因为它美善两全。还说，不仅仅是喜欢，更是怜爱，替它们操心，因为世界有猫鼬，兔子没办法。

一九九九年新春，兔年来到，老人用大笔写了一条字：光明的卯岁。夫子在兔年的新年，心情是灿烂的。

其实爱动物就是爱人。夫子也喜欢猫，喜欢小狗，喜欢小麻雀。

说到猫，想起夏衍老和季羡林老，都是著名地爱猫。拜读季承先生《我和父亲季羡林》，其中季羡老和猫的故事，反映那一代学人的亲情现实，实在惊心动魄。

夫子早年也曾经养猫，是外国品种，据说尤其聪明。晚年，夫子明说不养是因为"恐成莫逆友"，担心小动物的命运，担心自己的感情经受不起。一般的老人，经常会变回小孩，自制减退。我甚至觉得"隔代亲"的一些失去理智的做法，就是自制力减退的结果，反正到时候恶果即便有，我也不管了。

夫子令人感慨的是，身体垂老，神经依然是高度自制。教养对人的雕琢，实在是一切文化的核心。

养动物，养的是寂寞。兴来即养，不耐即抛弃，是人的问题。夫子操心小生灵的命运，就选择寂寞来自己面对。

夫子有什么嗜好？

喝酒和睡觉。

早年的诗保存不多，各有一首关于喝酒和睡觉，写得实在精彩，虽那时没有录影机，比保存一卷那时的录象带有文化，能传神。到了晚年，酒是由白的变成红的，红的变成黄的，黄的变成啤的，啤的变成雪碧。而睡觉，成了难得享受的晚年福气，常常失眠，就写诗，就想起杜甫，"剑南逾万首，想亦睡无多"。

佛，教人持戒，是有人性基础的。做好事，做慈善，做公

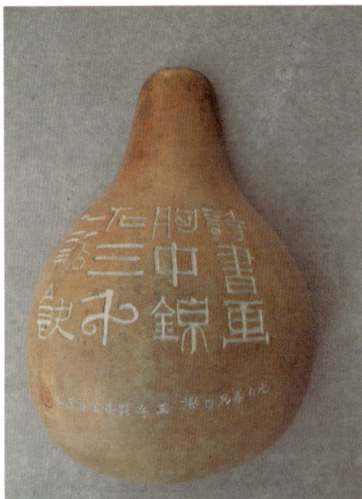

▶ 苗子老的法书瓢，送给夫子，被戴在头上啦。

▶ 夫子"淘气"照片，给古雕像补个头，或者模仿一下肯德基少校。
章景怀先生提供

德是正面。持戒是从反面说,不无事生非,不妄自作为,守清净心。不做对自己无益,对世界有害的事。

我认识一位成功人士山老。山老曾经是"文革"社会无政府主义时有名的"玩主"。山老教育我说:打架的诀窍,就是叉子当棍子用。亦可谓"通人"之论。

因为,如果想攘人,攥在手里,自己会怕出人命,使起来你一定是孱头。而如果举着用来抡,碰上也是皮外,死不了人,就会放开,你就英武异常。流氓也不让自己的手轻易地沾血,好人该不要无意作孽,自己玩一下,毁了人家性命。

夫子尽管谨慎做人,尽管谦己敬人,尽管没有白眼青眼的分别,但夫子骨子里,委实骄傲。这骄傲,就是对有些事情,不管这事情如何排场占尽,不管这事情如何众口一词,就是抵死看不起。

我应当举个例子,但没有,没有例子也有夫子的骄傲,我苍白地说。因为这骄傲,就是不告诉你,不屑说出来。

勉强地说,有提意见的。提意见是没意见,沙家浜奶奶一样:领导是不是应该注意身体。

就有不提意见的。有意见,我不提。夫子自己,是有千年万里之期的,故尔默然识之,故尔超越这些。

夫子有两句老实的自诩的话,于老虎打盹,不意说出。

一句,"好为人师"了。是写信告诉自己内侄孙女的。内侄孙女自小在夫子眼里长大，小时候爱唱"狐狸蒙上眼睛"，夫子诗中记录着，"考试获全优"，学习努力，长大后在国外读书任教，教授语言学。

夫子对她说："我有一本《诗文声律论稿》。我可以自豪地说，现在讲诗词格律的书很多，谁也没有这本的概括性强。"

大话人人敢说，说得好，是因为说得真、说得少。

另一句，说给钟少老。钟少老和钟敬文老前辈，两代与夫子相契，交谊有不为外人道者。夫子临终，钟少老常随景怀先生陪护夫子左右。

根据钟少老笔录，夫子仙逝前一年的十月二十日，默诵自作词《乘公共交通车》以自遣。之后，很清楚地说：

"我的白话词，可以不朽了。"

有时候，无用的是时间。有一天我到夫子身边，夫子伏在桌边玩一幅象牙牌九。只见老人两手各捏一块牌，一次颤颤地只搓开一点，两手轮换，慢慢看。我在一旁猜度，最后终于弄清，不过是比大小。

夫子告诉我，小时候就是这样，和奶奶玩儿。后来景怀先生才解释说，夫子是想念母亲。旗人的习惯，称母亲为奶奶，称姑姑为爹爹，称奶奶为太太。而对夫人，因为长夫子两岁，夫子称姐姐。

▲ 不管是真动物还是假动物，善良和伶俐的生灵，都是夫子情之所衷。
章景怀先生提供

周作人说，"寿则多辱"。

声名响彻天下，身心垂垂暮年，夫子惟以写字自遣。

夫子八十高寿，还能够小楷写成整整一本《絮语》，字仅一分，法度不乱。后来我们集字，好些寸余大字，是由《絮语》来的。没有湛深功力，字禁不起放大了看。

此前，夫子为一张文征明嫦娥玉兔图题跋说：

此文衡山垂老之笔也。毫锋散乱，小印倒钤，其龙钟可见。而书写旧作却无讹脱，则学养功纯所得又与腕力不能并论者。李夫人病容不见汉武帝，可谓善藏其短。书人至老尤役于人，亦可叹也。

那时近八十岁，其笔势，依然纵横跌宕，不见力衰。

又过十年，即使眼睛不好，手的控制不灵，还是愿意写，也是"尤役于人"。虽然明知道"得者如传舍，终归拍卖行"，还是给人家写，广结善缘。

这时的字，有些"毫锋散乱"了。细看夫子这时期的字，也有"学养功纯所得"的一面，就是无论字迹如何控制得不好，其大脑训练依然，写字意识依然。提按的损失较多，反倒容易露出行笔轨道的由来。这是后辈学书的一个机会。

夫子这一生，把认真写字当作修行，一笔一字，都是参禅。我想，佛祖一定答应，把夫子聚精会神的写字时间，从夫子多病自强的寿数中减去不算。

错位或者误会

夫子谢世后，我们出过一本《启功先生悼挽录／追思录》的集子，收录了很多人的纪念文章。这类集子还有多种，我觉得王德厚老和钟少华老两位先生编的《想念启功》很有价值，而且，书名有真情和深情。

拜读众多记述和回忆夫子的文章，我总是感到大家有一个别扭，是语言上的——要传达亲身体会的夫子，我们的语言有些容易错位。当然，我说不好，也许应当换一种说法：读启夫子，应该"透过文字读事实"。因为夫子的道德和思想，对于很多现在电脑打字能够联想的词汇，有一些"不合时宜"。

好比说："爱因斯坦的思想是很革命的。"

用"革命"这词儿在这里就容易有歧义。这意思不能理解为爱因斯坦是革命家，喜欢想一些压迫、推翻什么的。这意思是爱因斯坦的相对论更新了，在更大范围内重写了牛顿理论。他这样解决问题的思想，是具有革命性的。

更不明白，而且扯远了。

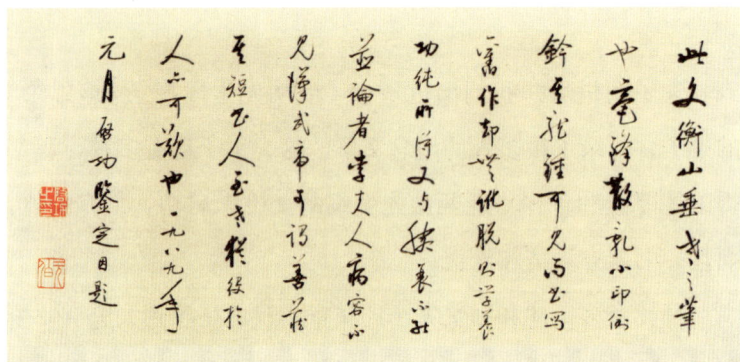

▲ 夫子书：南无阿弥陀佛。

▼ 夫子跋文衡山嫦娥图

▶ 夫子用印之前，以放大镜分辨印面。

可讲摄影

还是说夫子。

比如说夫子是一个画家——一则以是，一则即非，因为传统画家与今日画家有很多不同。有一些人，本来就善于形象思维，就像有些人天生善于安排他人；前者是天赋的艺术家，后者更易于成为政治家或企业家。

夫子善于形象思维，而且我觉得他老人家极喜爱写写画画，有以锥划砂的快感，显然属于前一类人，很适合做一位画家。

夫子到老，尤记得幼年时候羡慕祖父数笔成图的情景，实际是发现了自己处理形象的潜质和特长。

景怀先生说，有时夫子下馆子吃饭，也会被人家要求填写意见本。夫子真不敷衍，唰唰地一写好几行。这是夫子随和，也可以看出夫子就好写写画画，是天性。有收藏的店家没有？发到网上大家也看看。

一九九二年，夫子举办书画展之后，在大三元吃饭。服务员拿来了"贵宾留言簿"，请夫子留言。先生就写：

贵宾岂敢，意见为下。海品极鲜，火锅不大。

东坡肉肥，活虾可怕。酒足饭饱，佳肴无价。

大三元服务员精心服务，宾主至诚感谢，敬说俚语，永为纪念。

北京师大出版社聚餐全体留言

夫子以全体名义留言，对"聚餐全体"自然照顾周全，无奈服务员没看到夫子的大名，还要求签名落款。夫子又写：

再写一张，十足表扬。红白蜡烛，大放光芒。

酒足饭饱，欢喜若狂。再来一次，支票一张。

服务奖金，山高水长。多谢多谢！启功留颂。

只可惜这些文字是大家记录，没有夫子手迹。这么些文字，肯定要写一阵子吧，还是韵语。

夫子有一页五十年代的备课笔记，曾被广为引用。那些红笔蓝笔，单线双线，说明是表示夫子备课的认真。其实也是夫子长于写写画画的实例。

我仔细保存一张夫子划版的照片，夫子亲自为吴镜汀先生绘制的《江山胜览图》长卷，设计版式。我做过图书设计这个专业工作，知道夫子这是"无师自通"。

夫子有很多绝妙的比喻，也显示长于形象思维的特质。比如，说到我们在学校都学过的句子成分分析，标注过主谓宾、定状补那些符号性的线条时，夫子管它们叫做"梅花枝"、"冰裂纹"，形象传神，也很好笑。

夫子命运乖蹇，四十多岁虽然修养得才华风流，一身本事，却赶上风云大变，许多是非混为一潭。到世界恢复秩序，夫子终于名至实归，却已经年过古稀垂垂老矣。这样的残酷事实，到了夫子嘴里以幽默出之："有牙的时候呵没有花生米；有花

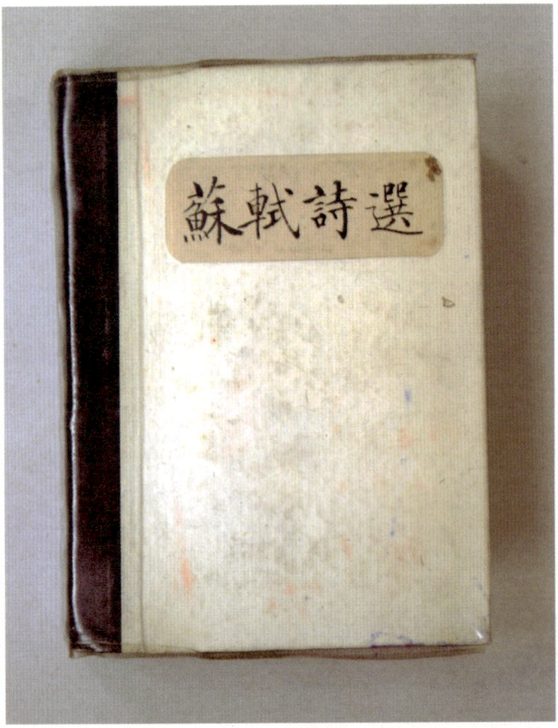
蘇軾詩選

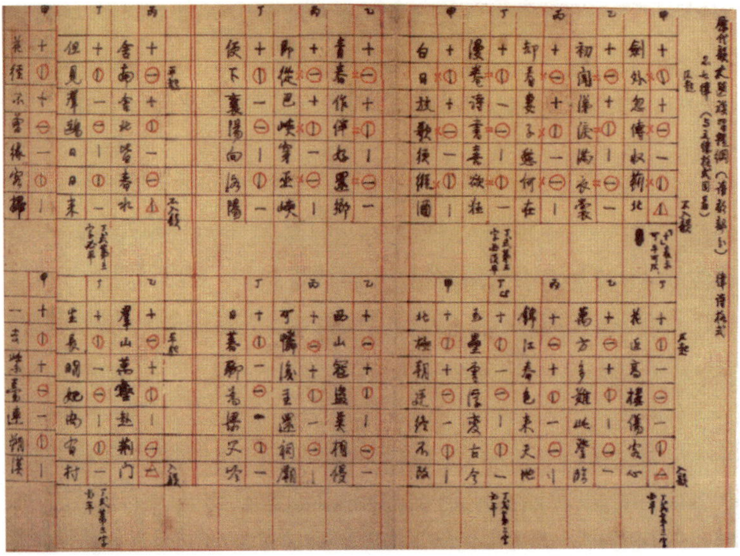

▲ 夫子设计图书版面

◀ 1970 年代，夫子为学生抄书本子题写的封面。
高先生收藏　可讲摄影

◁ 夫子备课卡片
北师大聂先生收藏

生米的时候呵没有牙了。"还是形象。

说幼年的朋友:"渐如换乳牙,陆续离我口。"四散分离了,多形象的说法。

夫子发现了中国诗文音调的基本规律,是平平仄仄平平仄仄……两抑两扬的反复,他的话是"好像火车"。的确,老式火车是永远的"咣咣当当"个不停。一经夫子这样说破,产生的印象就不可能忘掉。这种长长的声音串,夫子把他画下来,又称其为一根"竹竿",借由这个著名的"竹竿"比喻,夫子建立他精彩的诗文声律理论。这些都是形象传达思想的实例。

夫子作诗,不时也是以遣有涯,游戏性很浓,不是附庸风雅的人搜肠刮肚、辞不达意可比。比如:

南乡子 题汉代吉语砖拓片

文曰:"富贵昌。宜宫堂。意气扬。宜兄弟。长相思,勿相忘。爵禄尊。寿万年。"砖方形,每边二尺余。字作缪篆,上下二排,每排四句,笔画齐整。远观之,俨然竹帘悬于窗外也。

八句甚堂皇。所望奇奢不可当。试问谁人为此语,疯狂。即或相思那得长。

拓片贴南墙。斗室平添半面妆。忽听儿童拍手叫,方窗。果似疏帘透日光。

整首诗不过是一个形象的歪想。夫子不受世俗贪心的蛊惑，那愿望的确疯狂。这些"奇奢"只是拿来把玩。可不，缪篆字笔道纵横的黑白拓片，古砖又那么巨大，贴在墙上正是一扇窗。

再一例。张中行老晚年著作忽受市场追捧，出了很多选本，有好几种都是女性晚学署名，帮助编选的。那一段时间，中行老也间或带着这些位女性晚学交往侪辈学人，替她们向启先生求幅字什么的。有好事者背后嘀咕：是桃色故事吗？夫子张口就道：不是，不过是蹭桃毛！

私下回味，夫子这随口一比，其喻事传神，实在精妙。

以这样的才思，又长期研习中国绘画，不离法度，夫子当然是一位个性鲜明的画家。

然而夫子不是现在词语意义上的"画家"。

因为夫子不画素描，也不写生。夫子画画儿不研究光线和阴影，也不写实地表现生活的场景。夫子画的，是董其昌郑板桥那样的画，甚至是苏东坡米元章那样的画，中国艺术思维的"文人画"。夫子反复说明，朱砂色竹子世间没有，墨色的竹子世间也没有。其实是，世间根本就没有那样三几片叶子的竹子。但是人心里有，无论是竹子、是荷花，都是文人的精神。从夫子的作品中我们也能看到，夫子画的是笔墨、书法和"白话诗词"，是心胸和修养，是传统法度表现的今人心灵。

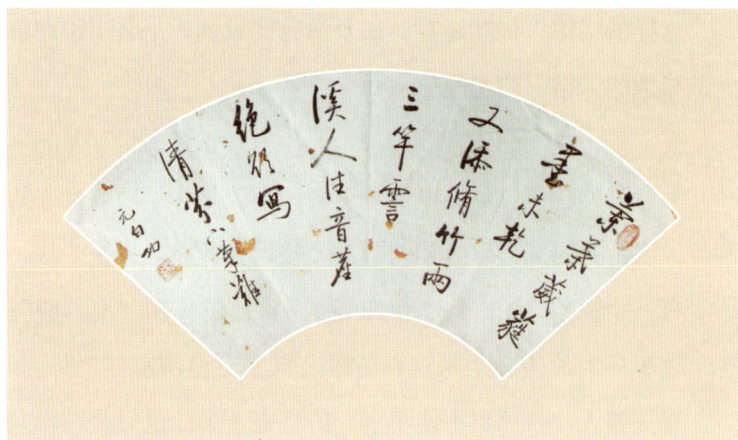

▲ 书画扇面

◀ 观音以及夫子题跋诗堂
　　马先生的画儿很好，不是传统佛像的法度。所以夫子说，
马先生心中的少妇，被观音变出来了。佛和菩萨是有
这个度量的。
　　私人收藏　可讲摄影

这个，不是我们现在说的"画家"。

关于书法，也有这样的错位。

夫子说：画画是可以养活人的。写字，就难了。

人人知道夫子是书法家。其实，夫子印可的书法家，都有一个学问、事功和人格的背景，写字是修养的一种外化，没有以写字吃饭的。夫子不是职业书法家，他写字是以古人为期许的。这，也不是我们现在说的书法家。

这样的错位，仍然还有，如果没有注意到，是会错位理解夫子和他的人格、艺术的。

另一类的错位，也可以说是误会。不管是为了巧取豪夺的利益，或者是因了自以为是的自大，被误会的总是夫子。

有一个故事，说夫子对于别人仿冒自己的作品"不打假"。这个故事广为流传，于是这种仿冒之风大有愈演愈烈之势。

有一些人，自己也不能写字，仿冒夫子书法也只是"心向往之"地那么一写，十元八元，卖与听说有书法欣赏一回事的那么一些人。这是一种假冒。

有的人，仿冒的不仅是夫子的字，借由假字，仿冒与夫子的交情，假造夫子对仿冒者的不实吹捧，希望这样可以自贵。这又是一种假冒。

还有的人，也曾苦心向学，雅好书法，却利欲熏心，昧了良心，成批量照相影拓地假造夫子作品，成万元几十万元地因财骗人。这另是一种假冒。

别有用心地传播夫子不打假，故意混淆夫子一时同情天下可怜人的初衷，不顾心中的是非和良心。这是成心对夫子的误会。

金缨的《格言联璧》有清楚的说法：

德胜者，其心和平，见人皆可取。故口中所许可者多。

德薄者，其心刻傲，见人皆可憎。故目中所鄙弃者众。

可见所谓的好坏，端看在谁的眼里，在什么场合。夫子秉方正之性，高尚之德，而出以柔逊之行，嘉许之言，也因此最常被我们所误会。比如夫子说自己年轻时字写得不好，说自己的字是"大字报体"，说某某人比自己学问大，说某幅字画如何好，等等。如果我们全部信了，是我们在这里老实了一回，之所以老实也还是因为我们本来的自以为是。

杭州有一位夫子的朋友吴龙友老，在夫子过世后发愿，要编辑一百幅夫子生前没有发表过的法书，自费出版，以寄托对夫子的哀思。我是偶然看到清样,有夫子写给沈鹏老的一首诗，其诗与序全文作：

仆获交沈鹏先生逾三十载，观其美术评论之作，每有独到之处。所作行草，无一旧时窠臼。艺贵创新，先生得之。近将

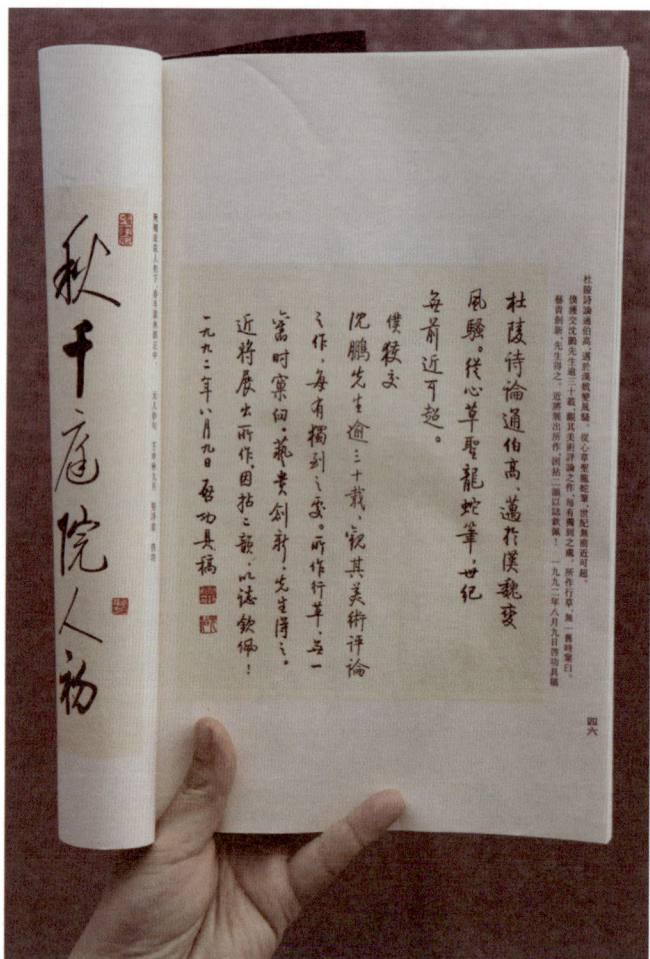

▲ 拜读吴龙友先生相赠的书，宣纸本夫子作品选。

▶ 当年大字报实物，夫子手迹。

私人陈先生收藏 可讲摄影

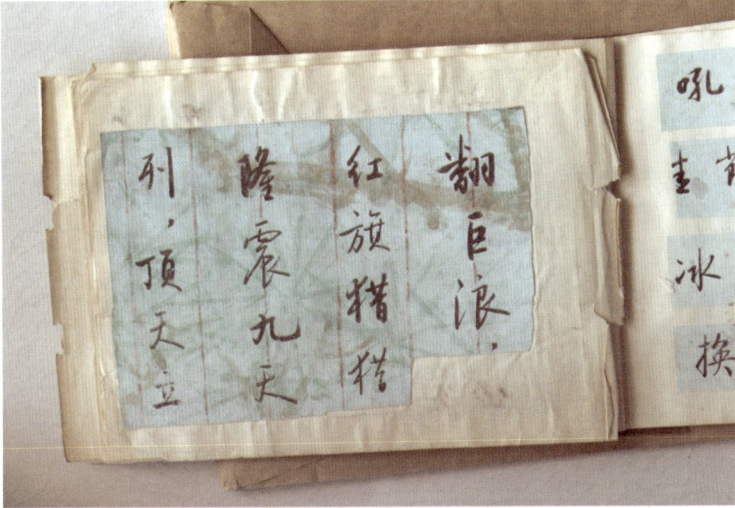

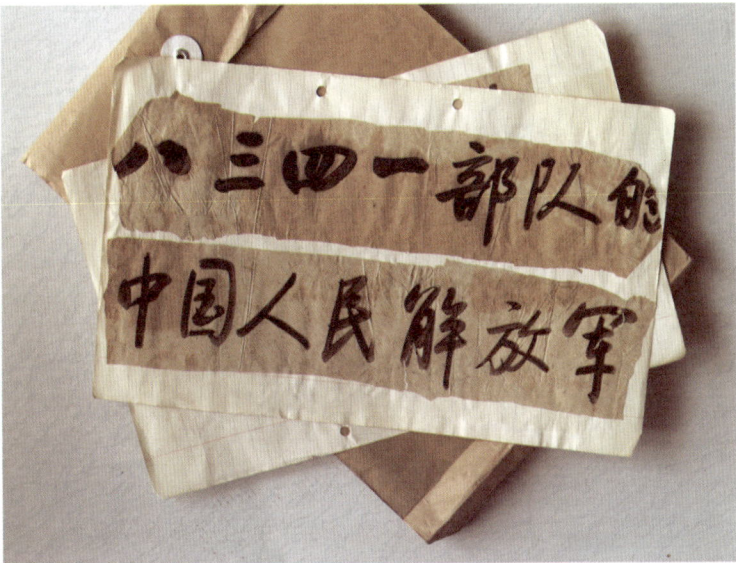

展出所作，因拈二韵，以志钦佩。

杜陵诗论通伯高，迈于汉魏变风骚。

从心草圣龙蛇笔，世纪无前近可超。

我们知道，书法是数千年前就开始的事情，前辈大家如繁星在上，"无一旧时窠臼"是无法接近书法的。我无缘了解沈鹏老，但知道是后续夫子的书法主席，于是心下生疑，拜问吴龙老：

"先生，这幅夫子法书，哪里来的呵？"

"沈老给我拍照的。"吴龙老回我。

这样就没有问题了，没有编者的问题了。夫子有知人之明，说话胆大心细，晚辈心中佩服。可这就成了笑话啦。

恢复高考后，中文系宿老前辈钟敬老曾邀约夫子开一门古典诗词的创作课，以发扬两老的这个共同兴趣，以期传人。夫子劝钟敬老作罢了。我觉得钟敬老始终保持了早年名诗人的气质，到一百岁都是一个热情的人。夫子不是。夫子心底有与钟敬老一样的热情，有时却是以冷的态度表示的。夫子不相信钟敬老的目的能够达到。

然而夫子开设了著名的古典文献巡礼的"猪跑学"课程。个中理由，也许是新时期学子诗词创作可以没有，精通的古典文献如果也没有的话，大概了解的古典文献是可以有的。"猪跑"的理念，就是看见猪跑比吃到猪肉容易些。

这些误会是夫子意料不到的吧：大家现在谈到"猪跑学"，

无不表示感叹敬仰：用夫子宝山胜览，深入浅出的精彩讲授，代替"猪跑"本意的简明甚至简陋。

还有人说：夫子多么谦虚，说自己学问不精，所以叫做"猪跑"。

即便是精彩响亮的"猪跑"学名，年轻一代学子纳闷莫名："我就没见过猪跑呀！"言下之意是，猪肉我却是一直吃的。

作为名人，经常要配合社会的热情要求。夫子年事已高，心力和体力渐不从心，社会的误解有事候会变得不堪其扰。夫子有三页草稿，题作"生日将到，述怀一首"，我理解，写出是为了安慰自己难以继续的耐心：

李易安怕新来瘦。

启功却畏人赐寿。

我生周岁父病亡，

寡母一心万箭千刀伤已透。

不意病弱孤儿竟长成，

尊亲先友担忧不知我死何时候。

佛说上报四重恩，

恩人救我冤家助我万度千重报难够。

何功受祝或承觞，

颜似牛皮罪浮人发只有捶胸负其疚。

今将活满八十七周年，

我们
忘记了
自己的文化形式，
好心的人
只好
瞎过日子。

孩子们为
夫子九旬晋二寿辰献歌。

可讲摄影

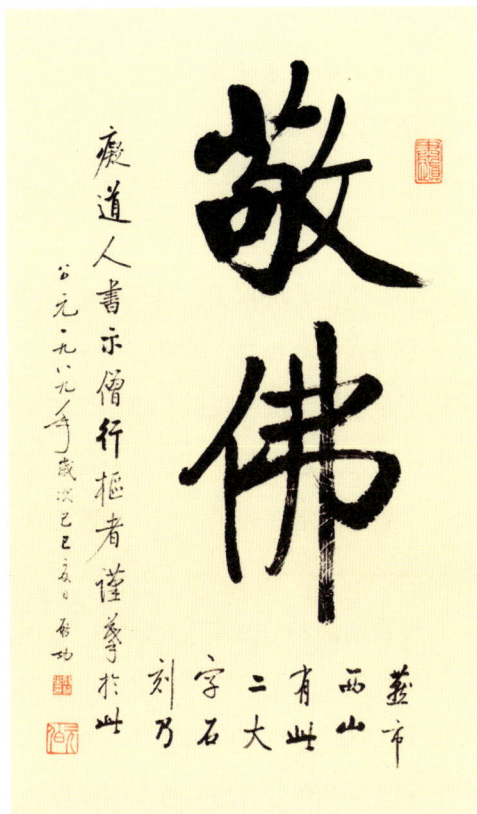

▶ 法书两件
下面的诗，现挂在北京师大图书馆，述说学人的心境在文化长河中的变迁。

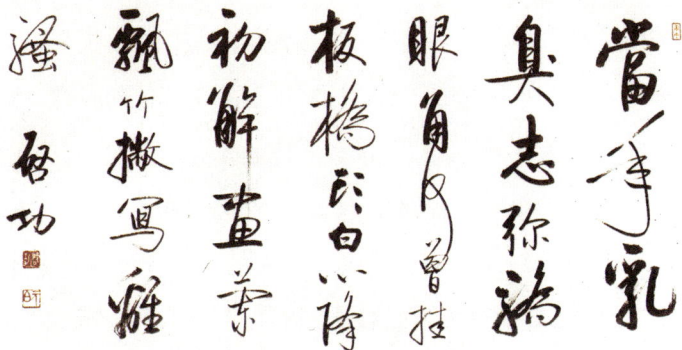

141

再十三年依然一芳难留所遗仍是臭。

竭诚敬告诸亲贵友谅愚衷，

许我低头钻地窦。

　　　　一九九九年七月七日 启功哀告

　　最看不下去的误会，是夫子的最后一个生日。本来，这样的耄耋通人，九旬晋二寿辰，夫子本心不见得愿意张罗。学校重视，希望搞个庆祝仪式，也是无可奈何。岂料想，如仪的发言献礼刚完，忽听得生日歌起，几个女孩子手捧烛火缓缓列队而进，最后站定在夫子面前，而歌曲尚半，没心情听它倒是仍唱不完。

　　我看见，夫子虽然起立鼓掌，脸还是沉下来。

　　丧失传统的中国人真是可怜！结婚的仪式，新人们上天入地，无所适从。如今又开始公祭黄帝，可是主祭用屁股对着祖先，好像在给众人开报告会。给夫子这样的文化老人拜寿，本是好心，也必须"创意"，脑子里已经"无一旧时窠臼"。一切文化活动都"从我做起"，旱地拔葱，拍脑袋、上轿扎耳朵眼儿现想主意，搞了如此教堂一般的仪式。这不是迷信的问题，既然一片好心，既然不是成心，没必要让老人心中惨然。

　　不忍听的歌终于唱完，夫子说两句匆匆退场。那一天，夫子没有坚持到仪程结束。夫子后来的几天反复对身边的人说："她们托个蜡烛唱歌是什么意思？""那是在唱祝你火苗一点点！"

进入我们的传统

自十九世纪末，中国遇到"三千年未有之大变局"，学人的传统，为之一变。许倬云先生在《我者与他者》中说，"五四运动，中国的文化精英选择了完全转向"，从那时起，在学界产生影响的名人，鲜有没受过西学思想影响的人物。陈垣先生出生于一八八零年，二十七岁时还读过一段教会办的西医学校。夫子小陈老先生三十二岁，除读过不完整的小学、中学，属于早期新式学堂，之外就几乎全部是从接触的旧式文人、老师那里学到的传统文化思想。夫子终其一生，坚持了这个知识和思想的结构。夫子的时代，中国原有的文化"我者"，异化为历史的遗留；相对于"现代"成为"我者"，传统在我们自己的国家里和人民中，变成了"他者"。真是"自在家里坐，人问谁是我"。即使到了思想改造、触及灵魂的运动改变了社会各个层面人心的时候，夫子调整了自己的言行，适应了面临的局面，而内心的深处，是依然故我的。

一说到中国式思维，习惯的认识，就觉得有此思维的人肯定不会用电脑。是"先进""落后"这种语言和见识犯了青光眼，那不是对事实的反映。

与夫子年龄接近的学人和艺术家，多是早年留学，学习西

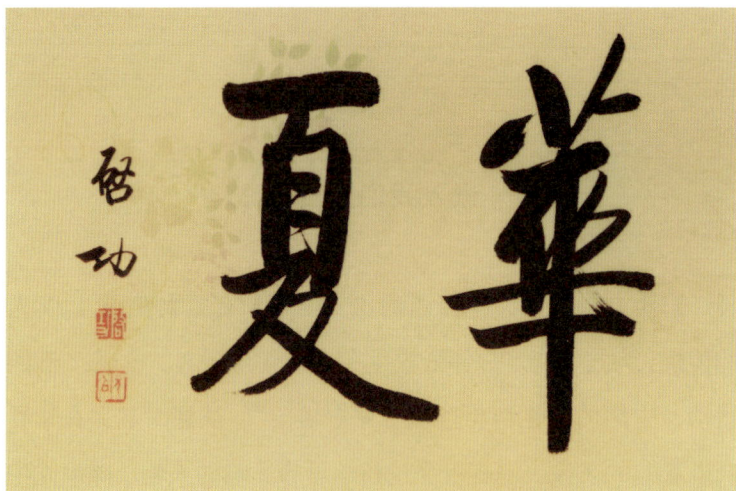

▶ 夫子画猫
　张铁英先生提供

◀ 大字"华夏"
◁ 夫子著作和作品数种

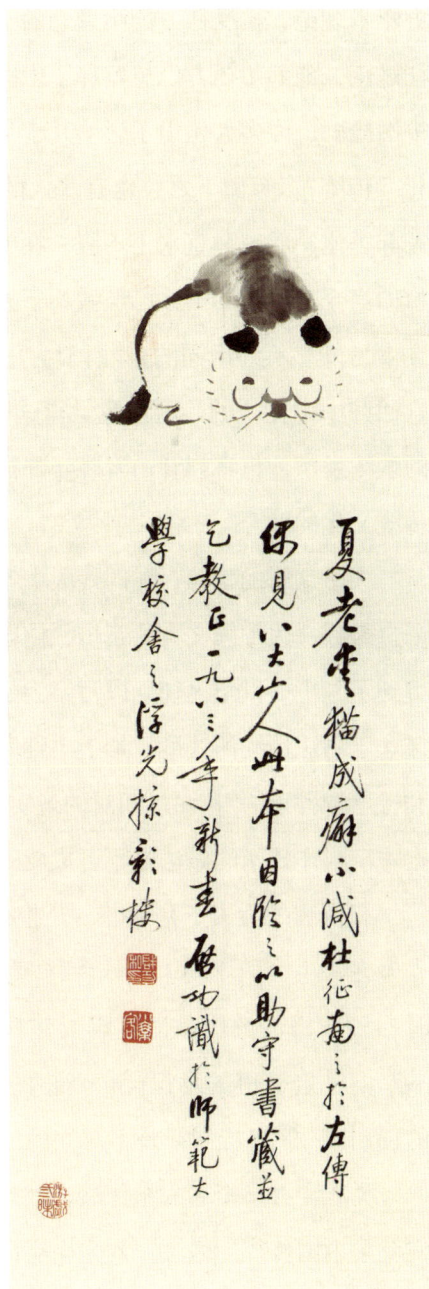

夏老画猫成癖不减杜征南之於左傳保见以大少人此本困脸之以助守書藏益气教正一九八三年新春禹功識於师範大學校舍之浮光掠影楼

方学术理论，接受西方绘画理念的。回到国内，顾不得担心矫枉过正，他们用西方思想解释了中国学问，用西方理论改造了中国绘画，许多人做出了影响几十年的工作，建立了全新的文化"传统"。等而下之，也有些人的工作仅仅是西方文化的搬家和类比，后来一直水土不服。在中国走向世界，地球联系成村的当今，这样的工作已经做不下去了。

另外，不约而同的，"西学为用"的学人和艺术家晚年都有回归中国传统的趋向。我觉得这也许预示着这个新"传统"的继续发扬，也将如开山者晚年那样，必然会留心于更好地与传统文化的融合。

夫子这样的学养，在同代人中实已不多。由于夫子的学问来自最后一代中国文人的亲传，使得这种文化由于夫子被一直带到了二十一世纪之初。以写字为例，专心于经史子集的学问，谨守于书法传统的法度，加上本性聪明、天性相宜，传统学养和智慧皆备于一身，而以面对的现实出之。这种书法的书卷气，把写字当作技术的做法是不可成就的。

有说法认为夫子是遗老，是抱残守缺的"保守"。牟宗三先生在《生命的学问》里认为，"真正的保守是不容易的。那时一种积极、健康，而且需要建构的综合意识，是开太平、端趋向、定轨道的意识。""真正的保守就是切实而落于实践的创新。""保守与创新是不对立的。"夫子正是这样的"保守"。

灵岩寺办一个名人塑像展，刘海粟先生被要求题词，这其实就是中国传统的做法，刘先生应命题了。可这事实非刘先生

所学之长。于是夫子后来看到了，玩笑说我可以各加一字，就成为：

灵岩名塑——馆，

天下第一——展。

有血有肉——身，

活灵活现——眼。

除了开玩笑地看它不上，改得好笑之外，确是象个题词了。黄胄先生就曾说过，羡慕夫子的传统题跋功夫，说黄先生自己写了，总像是口号。

夫子的诗词创作，自己总说是迹近数来宝，其实正是于今日现实与传统符合处保持，而不合处创新的成功实践。其实，诗词必须有声调，数来宝却只在乎韵脚，倒是楼梯式的新诗与数来宝近些。诗怎样写，还需要时间来看看，看什么是更合于流传的。胡乱抄一首夫子"白话词"欣赏一下，体会传统与现代。

渔家傲　就医

痼疾多年除不掉。

灵丹妙药全无效。

自恨老来成病号。

不是泡。

谁拿性名开玩笑。

▲ 夫子为朋友写的"联姻"喜帖

▶ 夫子镇纸小铜骆驼，尝有小铜骆驼铭的
诗作，和小铜驼馆的兴来堂号。
可讲摄影

◀ 夫子常用一对四面有机玻璃印章

◁ 夫子保存的一张老鼠写字的明信片。这
个图像按夫子想象用在《坚净居丛帖》
的扉页上，因为夫子属壬子鼠，觉得好玩。

牵引颈椎新上吊。

又加硬领脖间套。

是否病魔还会闹。

天知道。

今天且唱渔家傲。

内容说自己的病情，日常用词，人人能懂。形式是《渔家傲》的格律，声韵都合。大声读来，不仅大白话儿，还是北京腔儿。那种无奈的调笑，最能够引起共鸣。难道说传统的就是过时的吗？

夫子对于穿衣吃饭，持无可无不可的态度，颇有些魏晋风度。八十年代初，夫子依然经常是退色中山装，而那时候，已经流行羽绒服，当时被叫做登山服。因为夫子给人"保守"的印象，有一天，一位老师说起协调，就说启先生决不会穿登山服，因为不协调。恰巧夫子新穿一件羽绒服走过，引得大家哄笑。

非关那位老师。我是说用协调的观念估计夫子的行为，这种流行概念的想法，本身容易把水弄进脑子。

现在大家知道，夫子喜爱一对有机玻璃的透明图章，是经常在作品上使用的。这材质肯定不是传统的，但优点是不易碰坏，容易携带。就此说来，夫子没觉得这对印章与自己早年使用的象牙印章有什么分别。而且，印章和有机玻璃可以都是传统，我们的传统五千年一直绵延不绝，直到今天。为什么不能有机玻璃，不"协调"吗？

我八十年代戴墨镜，人家就说我是流氓。那现在是流氓社会啦？摇头就能逛荡出水音儿的脑袋，应该反对。

夫子晚年常常使用日本发明的自来水毛笔和宣纸质地的卡纸，不排斥由此带来的方便。其实，这两样东西很可能没有传统的笔纸保存寿命长，也是过去的传统书法不曾使用的。

书法的继承和创新，是这一取舍的一个焦点。夫子的观点是书写者只要去用心熟悉传统、学习传统，"笔成冢，墨成池"，创新是比较自然的事情。一方面，"签字具有法律效率"，所谓字如其人，你不会重叠于古人。书法也象自己的脸，当然会有自己的面目。另一方面，时代变了，环境变了，人心变了，眼光变了，书法自然会不同。两个原因不包括无视传统、旱地拔葱的戏法。

书法的标准，离不开"好看"的要求，字怎样算是好看，可能说不出来，却能够"看"出来，反正大家心里有数。这个"看"是很早就开始的，是有"看"的历史的。那些被看好的法书墨迹，也一直被视为珍宝，精心保存，本身就是标准。

之所以说了以上的唠叨，是说夫子热爱传统，也知道传统不是迷信，不是固定重复的。中国的艺术文化传统，好像九曲不停的过山车，蜿蜒绵延，在每一个发展的当时，都有新的要面临的现实。只有那些借助既往的动势，解决面临的现实，是符合传统的新艺术和文化，能够进入我们发展的传统轨迹，成

▲ 写祝钟敬文老先生夫妇的诗画，宣纸本卡纸。

钟少华先生提供

▶ 写增侯宝林老先生的四屏法书

私人收藏 郑先生提供

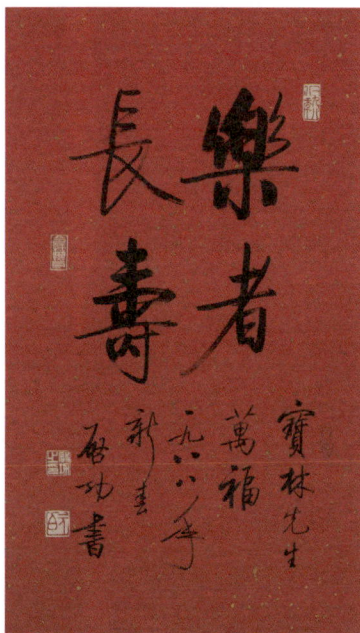

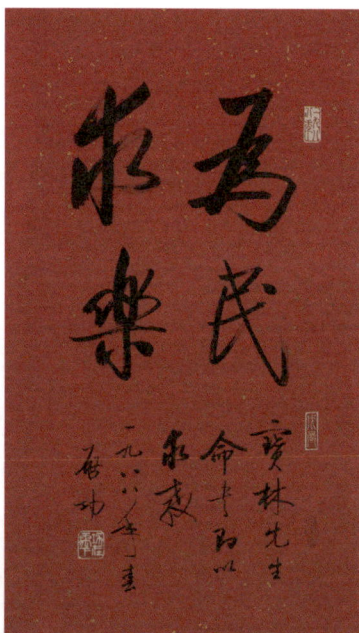

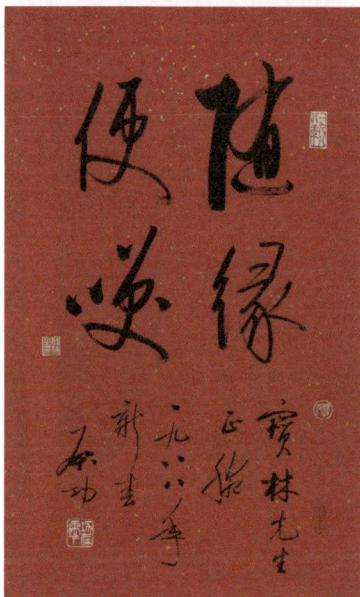

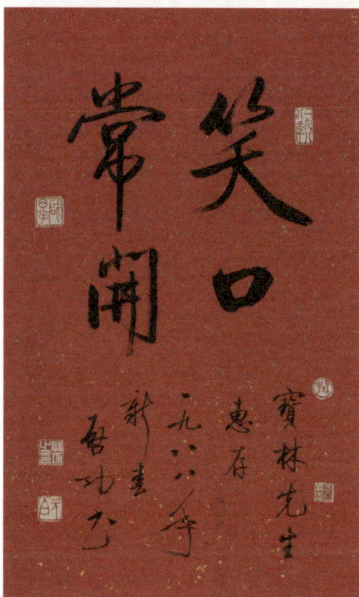

为我们传统新生长出来的部分。事实是，代代传统，莫不如是，以往的传统反叛，有根的，都成为后来的传统。应该相信，过山车有可能倾覆，却不可能在前行的中途突然丧失动势、跳开轨道。

我服膺夫子的"保守"，相信夫子坚持的文化信念。

夫子九十五冥诞，几个单位一起搞了一个纪念展览，地点在北京画院，展出夫子八十件对联墨迹。

在准备展览的时候，会谈到一些夫子的往事。我们看到一张画院成立的合影，求画院帮助复制。王明明先生表示，以前自己不知道，夫子是在画院被划为"右派"的。当时都是一说而过。

展览开幕式之后，画院三楼有一个座谈会，嘉宾是自愿出席的。画院的院长有一个议程性发言，王明明先生说得很朴实，也很简单。但王明明先生是个有心人，提到了夫子在画院划为"右派"的事，据我记忆，说了很对不起。

我说这件事，是记录这个说法。虽然，按政策，学校早就平反了夫子的问题，一切已经过去。王明明先生个人，此前一直是夫子的朋友。

数年前，罗马教廷有一个声明，说教廷决定给伽利略平反。细节记不清楚了。

歧路和兰亭

在三十年代的辅仁大学时期，夫子有位同人前辈，得到一个机会到教育部任职。前辈表示愿意带夫子过去，做个更小的官。面临教书和做官的选择，夫子去请教陈垣校长。

校长先是问夫子自己和家长的态度，听到都愿倚重校长，就讲了一个大道理：

做教师，是宾客，拿的延聘书，没有人格依附；

做僚属，是官吏，受的委任状，就是人家随从。

夫子明白了，说自己"少无宦情"，不受人指使也不谋指使他人，留下继续做老师。

夫子礼数周全，写信表明感谢前辈的赏识和自己的婉拒。陈垣校长看到信，风雅地评论：值三十个银圆。

这"三十个银圆"的影响是很大的，后来的路，当时是看不清的。二十来岁，没有定型，如果夫子那时做了前朝小官，后来的故事不知道如何设想。

这种风雅后来随时代消融了，变成没有人不是随从，个别要求人随从的人发疯。我们可以选择的，只剩下随从的态度。

有一件"兰亭论辩"的公案，以学术搞政治，夫子被动地

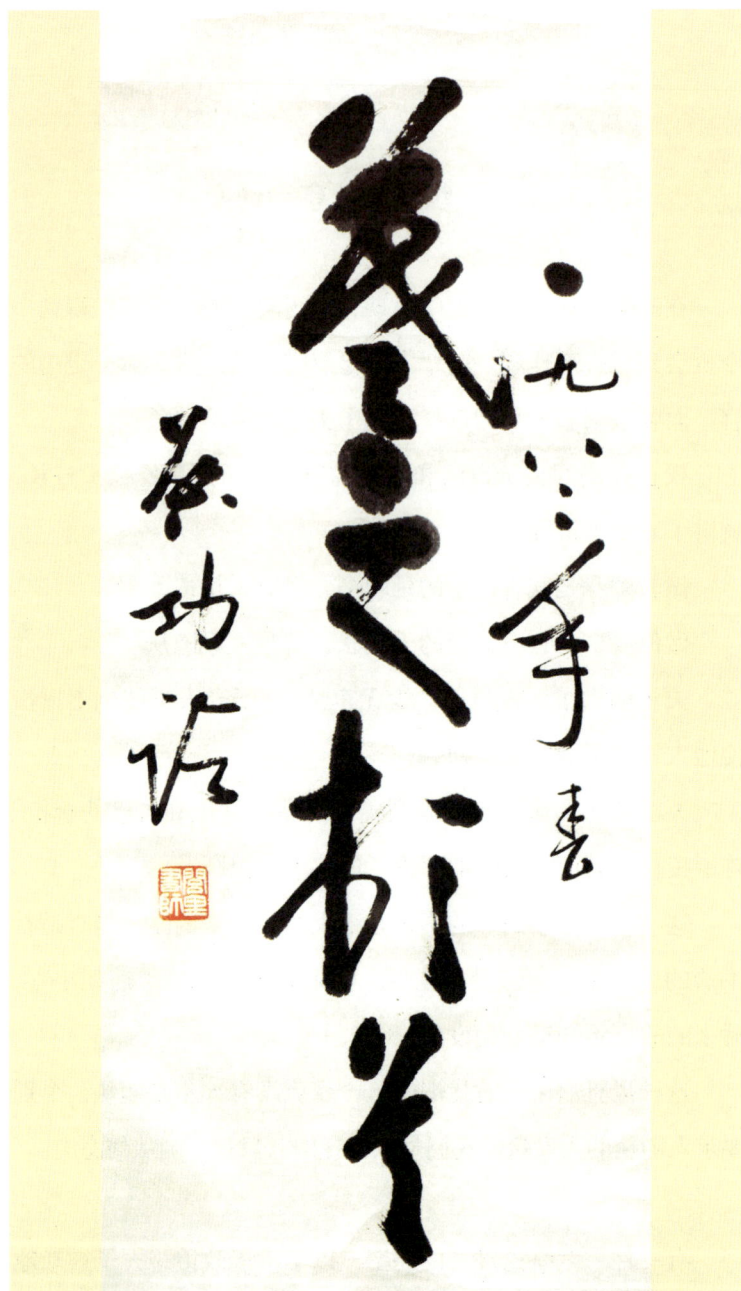

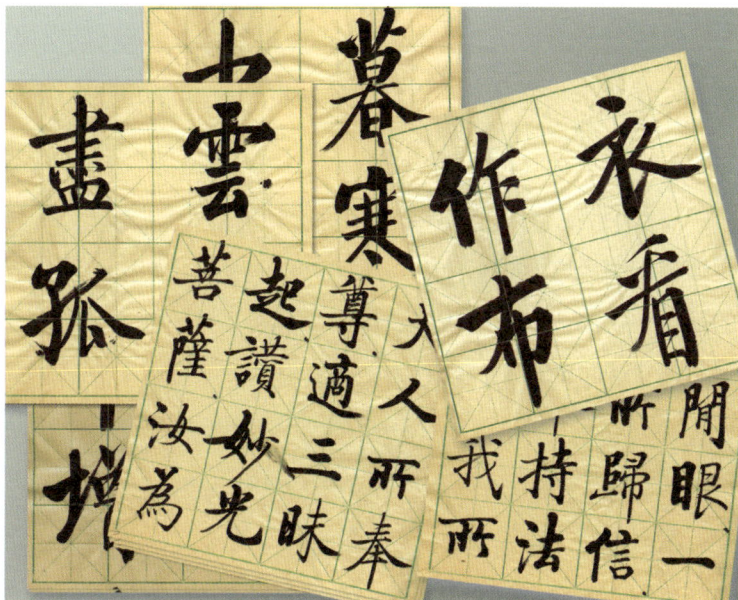

▲ 夫子临写唐人法书

◀ 夫子给人题字，直接临写"羲之顿首"。

私人收藏 张先生提供

发表规定的观点，列名其间。到现在，夫子的这个是非仍被常常提起。

最醒目的说法，是说郭沫若老同志依仗康生，欺负了小人物高二适先生。毛泽东一直在关注这桩"笔墨官司"。而夫子拉偏手，站在势力大的一边。

公案的实质是一次搞起又没有搞成的运动，所以，应该以参加运动的态度来看这些人、这件事。那时侯，相信人是政治的动物，做不成人，是谈不到什么学术的。

对于夫子的作为，核心还是要看夫子的文章。夫子的文章发表于《文物》杂志 1965 年 10 月号，标题是《〈兰亭〉的迷信应该破除》。文章分四个小节。

那时候的人都在"提高"认识过程，不需一年此风巨盛。

第一小节说自己的提高认识过程。

郭老同志的观点有一半论据来自分析佛老思想，这部分夫子缴械，不战而归顺。夫子说"我对于古代哲学思想史毫无研究，但曾读过《十批判书》，得知作者有博大的研究和特出的见解，"自己这方面放弃发言权，只是承认权威、表示佩服。

另一半论据，关于书法风格，是问题的关键。夫子交代自己的认识起点，也是交代原本自己的观点。"书法风格变化，与其用途有关，例如报纸上的铅模字，无论大小，都与手写的文稿、笔记的钢笔字或毛笔字不同。"这是夫子此前发表文章的观点，这里仿佛是重新清理，也仿佛是立此存照。

"我以为"，夫子接着说。

我以为在地上没人要就捡起来装兜里了。我小时候说认错还辩解的话，就是这口气。

之后文意改道，复述郭老同志的观点，不论他是否事实。"及至读了郭沫若同志的文章，……使我的理解活泼多了。"夫子依顺了命题要求的郭老同志观点。

其实这篇命题作文到这里，只第一小节，已经作完了。下来是完善。

第二小节开"兰亭"的玩笑，表一个态，也就是标题说的"破除迷信"。滑稽的是夫子拿前人艳说的兰亭二十个"之"字不重样开涮，煞有介事地说"我曾教一小学生写一篇大楷，全写'之'字，居然也无一完全相同，"读来庄谐皆备，任君自取。

三、四两节，基本在揉。态度认真，念叨细节，有小骂大帮忙嫌疑，所论是非不再关键。

"兰亭论辩"的全部文章网络易查，文物出版社后来结集的专书也容易找到。当年未公开的资料，网络上也时有披露。很有条件想像当年的实际故事和情节。

有几个事实罗列一下，看能不能够这样说：

其一，夫子早在论辩之前，有自己文章发表。文章与此文观点不同。写那些文章不是和什么人辩论，是多年积习，个人兴趣。

又一，此文是应命写的。郭老同志找夫子写文章附和自己，不是不知夫子以前观点，正好相反，是要夫子改成自己的观点。

▲ 1970 年代末的夫子

▶ 1980 年代初的夫子

章景怀先生提供

再一，写此文，夫子被再三要求。开始，夫子拒绝。拒绝的说法来自夫子本人，也合常情，因为没有原因一个人不会改变自己的观点。夫子后来答应照着写，自己提供的原因是，来人翻开了底牌，比郭老同志更大。

最后一条，此文发表的结果，郭老同志是满意的。文章过了郭老同志的关。

要我说，夫子怕事又被逼，开始令人同情，最后居然要了郭老。这逻辑也许始料未及吧。做先生，当然德性在先；是后生，天然就是后手。执白执黑，论是论非，还是那句话，我们为什么老实一次，还是我们自以为是。

后来运动未遂，转而它顾。要不然，论辩如何郭老同志也是不能把握的，真是阿弥陀佛。

人说夫子变来又变回了自己原来的观点。我觉得夫子可能没有改变过观点。

文章是夫子写的，所以有人说夫子起码是"曲学阿世"。曲阿，或者曲诚，是个人能选择的一点点空间。夫子没有把这篇文章收入《启功丛稿》，能不能把它附录在《启功全集》呢？

我觉得应该附录，理由是，它虽然不是夫子的重要文章，连观点都不由衷，遑论学术；但它是一篇历史文章，可以读出文章的"时代背景"，"时代背景"中的人。《全集》不同于《选集》，后人也不同于夫子本人。曲则曲矣，直不能通。阿，就是疵；诚，就是智。

好心人不愿意收录，认为是听夫子话、为夫子讳。我担心这样恰恰说不明白了。

我这么说，是否公允？

夫子做这样的事情，有大有小，是夫子入世的性格和态度。比如前面提到"无一旧时窠臼"的话题，同样不是夫子主动要说的话，同样是被要求被命题的，同样是说话和听音不一致。

甚至在行文结构上，两件事情都相一致。先有共同承认的事实："观其美术评论之作，每有独到之处。"有立此存照的观点："所作行草，无一旧时窠臼。"有合理揉搓："艺贵创新，先生得之。"有能说的态度，"以志钦佩"。

说话实难，沉默是金。在没有沉默权利的时候，退回去的路是没有的，前面的路有三条。

丧失自己，甘作别人；

腹诽肝胆，柔顺出之；

厉言厉行，打做两截。

真正是十字路口，是非无由。哪条才是人走的路呢？

夫子没有厌世，但常有口头的厌世。经常说"六十六，非不寿。八宝山，渐相凑。"之类的话。

我青年时就编排夫子，在学校报纸上胡乱发挥夫子故事，当时夫子就在学校，也没有理睬我。我胡乱编夫子"七十七，无遁机。说和写，常有题。"希望夫子原谅。

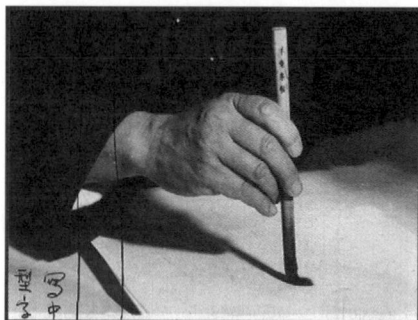

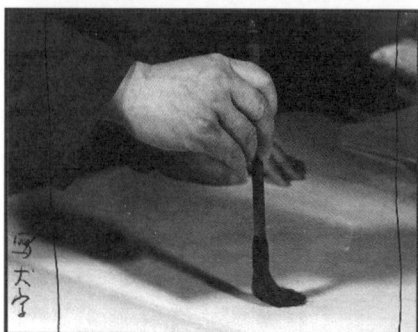

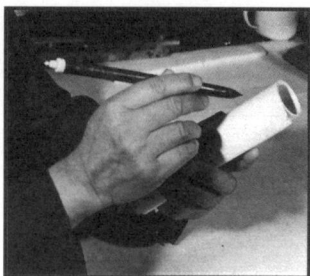

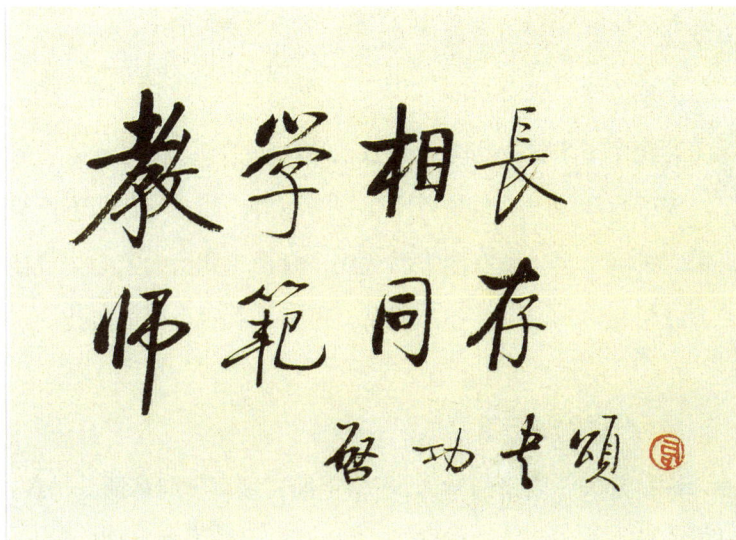

▲ 夫子法书

◀ 夫子的手，示范执笔法。
左上为"写中型字"，
左下为"写大字"，
右上为"写小字"，
均为夫子手迹。
当然，右下是无案古法。

七十七岁这一年的夏天，夫子被要求在英模报告会上讲话，终于到了说不上来的时候，夫子就对大家说：我来前没有准备，给大家敬个礼吧。然后站起来，把手搭在眼边儿上，给大家敬一个礼。然后肃穆坐下。

大家鼓掌，觉得新鲜。

有晚辈下来说，您老还会敬礼呐！

夫子自嘲说，这也是急中生智：用典。四十年代张寿臣给人家叫去唱堂会，没有能唱的戏码，就说：我给大家学个口技吧，就学几声狗叫——相声演员，可不是有时也要演口技。

说一个小故事。

称得起夫子同侪的学人，不一定细言细行学问都通。一次，风雨中故人上门，进门感慨说："最是风雨故人来"呀！

夫子一面欢迎，一面开玩笑说："是呵是呵，这话该是我说呵。"

来人肯定有学问，因为说的就是书袋子里面的话。

可所谓的学问不要错用了别人的话，才算能通。夫子的惊觉，就是这些地方决不会错，在自己的家里依然敏感。说了别人的话，你每次风雨交加就去别人家里，还引经据典，其实很可能是没有自己的生活。

比方夫子行文，经常依然自称用"仆"。这是自谦，是自贬，直接就是自贱。这种文化教养，核心是说自己低别人高，人与人间就没有争竞。人家说自己低的时候，你乘机说人家低你高，是说了别人的话。

我唠叨这些轱辘话是因为，现在有那种世外高人，也不听你说，直接就说自己最高。象夫子这样人物，只有加倍自谦以至自贱的办法，这样做只能是依凭文化，相信传统"不争"的智慧。夫子一辈学人，从来就不会跟你吵，说比你的最高还要高，那成了"上嘴唇顶了天，下嘴唇贴着地"啦。

气傲皆因经历少

心平祗为折磨多

启功

學於古訓乃有穫

樂夫天命復奚疑

启功

我和夫子

说说我和夫子的因缘。

上世纪八十年代初，我和启夫子先后来到了师大——这就是大话欺世——好像一直流行这样的说法，等于说"我的朋友胡适之"，捆绑大师以自重。

实情是，我来上学；而教了五十年书的启老师刚刚在学校有房子住了。我不在夫子的系里读书，只是来上学前，听老家一位长辈说，师大有位启功先生，很值得尊敬。

现在想来，那可是美好的八十年代，我刚满十八岁。

学校离二环很近，还是城边儿的样子，没有什么汽车，人也稀少，马路没有牙子，路边有一米多宽的排水明渠。

那时的学校显得安静，树木也多，梧桐的大叶子从路两边遮过来，形成多条绿色通道。行走其间，时不时，某株树上就吊一个蓝色小牌子下来，生物系搞的吧，白油漆写着：什么树种，什么科目，拉丁文的什么学名。也是由此，我对上了几种植物名称和实物。

有同学迎面走来，总是衣着保守，面貌纯朴，而目光坚定。如果是两、三人，还互相讨论比如诗歌、西方哲学、甚至真理什么的。

说回夫子。我清楚地记得，有一天午休时间，看到夫子在花圃边上走路，周围静静的，只夫子一个人。那时我经人指点刚认得了夫子，却没有说过话。我立定了仔细看他，夫子一人走路的样子，带甩手，有节奏，象走又象是玩儿，可以说是"兴致盎然"。算来就要七十岁了，是那种小孩子一样的欢喜，令我印象深刻。

不久，学校筹备八十年校庆，我和美工队同学参加展览布置。我们把夫子写的"校庆展览"大字，反过来直接在背面涂上糨糊，贴在展室的窗户上。回想我真挚的表情，该是面不改色。现在有人说夫子大字少，想起来那四个字每个一尺还大，单字能占一格窗户，怕是展览之后，无人能揭。

快毕业时候，学生社团出集刊，我设计封面。夫子的题签拿过来，原件，比需要的略大，也不懂缩小的办法，也不懂单制铜锌版，就照着描画到我的图案中。封底虽然印着题字启功设计可讲，可那题字实在是我用绘图钢笔"临摹"的，而且描得不成样子。

不过，后来我做学校出版社美术编辑的时候，懂得制版技术了，也可以真正地设计封面。那时夫子几乎是出版社专门题字师傅，我把名字排在封底的夫子名讳后面，有不止一百次。

▲ 1980 年代，最亲切是新春摄于琉璃厂的神态。

◀ 和蔼的夫子

无论封面设计得怎样不好，我都得意这个"傍大师"的因缘。

毕业后留校，先在校报做编辑，办公室与侯刚老几步远。侯老那时候开始收集夫子资料，我呢玩相机，侯老使我有机会替夫子的法书拍照资料，这因缘直至今天，怕有半个半个世纪了。与学校各种活动间，得以偶然接触夫子。再后来，缘分殊胜，到了出版社，有机会给夫子当编辑，替夫子排书。而且，住到了著名的浮光掠影楼后面。有时浮光掠影楼谒拜，更多无事路过浮光掠影楼，想到夫子只在咫尺，心中欢喜。

有一天随身背着相机，就拍一张绿荫中的浮光掠影楼。我要强调，拍这张照片时，我确切知道夫子可是在家。

那时夫子常有书法讲座，现场示范，形式活泼，写很多张字。那时学校的几个餐厅会堂，都挂着夫子的条幅。

有人说，启夫子的书法写满了师大校园。用这样的夸张说法，也可以说，师大校园人人都有启夫子手赠的法书。当时的人们并没有经济价值的意识，只是喜欢先生的字。求夫子动笔，当时只道是平常。我有一个朋友，负责学校电话维修，也喜欢夫子的字。本着从我做起的精神，这哥们拧松夫子的电话线，过会儿背着工具上门检修。夫子果然已经发现了电话的故障，看哥们忙上忙下之间，电话修好，夫子送一件法书感谢，于是我哥们卷了回家。

大家都喜欢夫子的风趣。八十年代，有首长来学校视察，知名教授作陪，散会后首长和夫子搭讪书法，一同来到电梯口。电梯到了首长先上，首长邀请夫子也进来，我就举个相机跟着钻进来。已到主楼门口，首长谈兴不减，边走边谈，夫子找话缝双手合十说：我改日一定带作业请教——那什么，我棉袄落八楼会场了。

作业？我纳不过这个闷儿。后来适应了夫子说话的这种修辞办法。

我们年轻，有时谈夫子逸事，半懂不懂。听来夫子喜爱毛绒玩具，我编校内报纸，就手把夫子故事编排一通，也不管夫子作何感想。

到了九十年代初，舅舅和我写一本美术字的书，请夫子题签。夫子仔细看过硬纸碳素笔的厚厚原稿，于是有了夫子谈美术字与书法的一首诗。书法终究是手工的产物，借助毛笔宣纸，广义地说，也是工艺。只是巍巍大宗，独成其峰。字体的工艺性，无论早期的镌刻范铸，下来的摩崖刻碑，下来的雕版活字，直到直尺圆规的美术字，计算机的点阵字、矢量字，都是"书法"与工艺，是书法的重要部分。可以说，书法离开工艺无所谓体，所以美术字作为一种"书体"，与书法比较，有意思了。我觉得夫子赐我的这幅墨宝，至为珍贵。

夫子"荣膺"我们出版社的名誉社长，一会儿又说是顾问，

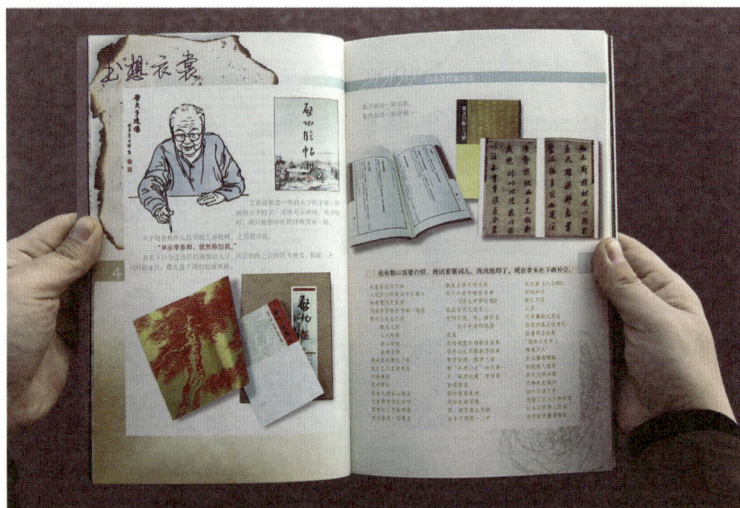

▲ 我傍着夫子，做过的一些书。

▼ 浮光掠影楼
可讲摄影

▶ 抱竹图
章景怀先生提供

都由着出版社，夫子没有意见。夫子主要是干实事儿，出主意到那里找什么样的选题，带着后辈到前辈家里要稿子，撺掇着实施了一回手工雕版刷印，把援庵先生早年的雕版著作重印出版。这应该在当今出版史记录一笔。

那时候没有炒更概念，人都只在一个地方领工资，有人说夫子是学雷锋，我也不反对。我感觉夫子就是"好之者"，他老就喜欢张罗这些事，举一些例子。

四十年代，他报告陈校长，给学校买回些铁卷甲骨之类。

五十年代，他发现琉璃厂有清代名人手札，告诉图书馆，抱回盈尺大摞的书札入藏。对了，我们现在都把它彩印出版了。

六十年代，他受托给北京的宣传口编法帖，给吴晗市长写信详列法帖体系和篇目，当然后来泡汤了。

七十年代，夫子下放劳动，书不易得，有学生愿意抄历代诗歌，夫子给学生写本子皮儿。

八十年代。上面说过，八十年代夫子开始忙了，可我们近水楼台。我们当夫子是我们的形象大使，用夫子名气，把夫子照片印在海报上。

夫子到出版社，办事空余，抱一摞素册，每一本写几个字：福寿康宁之类；画一幅画儿：简笔兰竹之类。一小会儿整十本，就说：你们拿着送人吧。

可是我们效率高，太忙，太紧张。我们把夫子的《启功韵语》排出来，错字就多了些，夫子说这是自己的"伪劣"作品。所以到下一本《启功絮语》，夫子自己抄，出一个手写本。

事情就是有得有失，虽然辛苦一点夫子，可是世间多有一本手迹。图书印完，领导说：手稿多漂亮，请夫子送给我们吧。整整一大沓手稿，夫子就送给我们了。

友人听说就这么白嘴儿要来的，就说：这是名人手稿啊，这么一整本，先生自己也不是说写就写，怎么能张嘴跟人家要呢——除非是先生自愿送给你们的。

领导觉得也是，还给先生吧。

送回夫子家里，夫子说：答应给了，就不要了！

据说，我们领导下次见到友人，又给他看夫子手稿，说：先生送给我们的。

事情还是有得有失，虽然直率有些失礼，可是我们得到一本手迹。

夫子到香港，那时还是艾静唱的香港："你能来，我不能去的地方"。夫子买回一件收藏，水彩画《等待》原作。我以为肯定是艺术价值独具，夫子法眼捡漏。然而不是，是夫子喜欢那画面：老头钓鱼，一群猫，等着吃鱼。

我还用这张画，为夫子印很多复制品，夫子做新年贺卡。

帝王登基，要定一个年号，不知道他干什么用。

我们每年都要请夫子题一个年号，我们有用。因为我们每

字形美与丑
观者心中有

直尺与圆规
百花在其手

碑额与印章
至妙在结构

古今雅有珠
艺术无先后

宇形美与丑　教育实　用美术　赏
观者心中有　字二事　出版主
直尺与圆规　延范至
百花在其手　稿未谙
碑额与印章　然心胸
至妙在结构　因为追
古今雅有珠
艺术无先后　　　　启功

启先生的雅兴

中文系启功先生，文化名人。虽文化名人，不见有人送礼上门，不及一总务科长。所以，启先生对收礼兴趣浓厚。

丙寅正月，有朋来访，启先生对襟棉袄小毡帽，迎到庭前。敬茶落座，说是有礼物相送，启先生两眼就看定朋友的提兜。君子之交，能送些什么呢？启先生两眼放光，看到朋友从兜里取出两只布老虎，道是虎年吉祥，喜不自胜。朋友声明，一只送给

启先生，一只送给先生的侄孙——一年未见，也好教小友不致失望。先生马上把食指放到嘴上，示意不要出声，轻声告诉朋友说：小友睡了，不要吵醒。

我们的先生，遂拿起那两只布虎，仔细看了看又回顾侄孙房门没有任何动静，转眼，皆收藏不见。

（韩传）

180

▲ 夫子坐拥书案
可讲摄影

◀ 夫子为我题写的五律
◁ 我 1980 年代编排夫子的"补白"

年要发一本小广告，介绍我们的书目。与夫子相约，形式最好一致，比方说，都是四个字。

那一年：夫子八十八岁。写了，"金龙集庆"。

以后每年一题，一题一年。我们说，到十二年，出一套生肖书目。然而，那需要十二年。

我逮住夫子有空的机会，会问一点书不会讲的问题。我叫做叩大钟，夫子佛爷一样悠悠的，又不会主动给我讲什么。你去叩，老先生就会响。但有一次，夫子的回答，太过意外，让我把问题给忘记了。

我问一个小问题，希望夫子说两句，我能得一块。

可夫子回答说：

有的问题，你知道的，就是知道，怎么人家一说你又糊涂了呢。

有的问题，你不知道，可巧我知道，我可以告诉你。不过那没有多少。

有的问题，你不知道，我也不知道，根本就没人知道。甭听有人见天儿胡扯，他也不知道。

就是这三句。句子一多，我连问的什么也忘了，就为记住这三句。我分开行写，显得清楚一些。自从得了这三句，我一直想先记清楚再好好想。后来好好想了，没想清楚，就画了一张画儿。画一个光头，在扫落叶，秋的落叶被渐次扫归三堆。这画儿后来印在我老师的著作里当插图，那著作是《论语：古

书今读》。别人当画儿看，我是纪念我的想不清楚。

有夫子在我的世界里，就这样子白云在望，无限悠悠。

时间长了，所谓熏陶，夫子的风范就留在心里，渐渐学得分辨人品的宽窄高低，做人的宽严上下。自己做过的事情，都在心里慢慢反省过来。

学校有位教授认为现代大学应该重新提倡"从游"，除了上课听讲，应该跟着老师"游学"。我拜读以为是高明的。"学"有"从游"，就比只是教训有效得多。看见"行"的身教，就比听到"说"的言教，要立体丰富得多，所谓受教育，这是人类传承最重要的方式吧。

《启功全集》是出版社策划的国家项目。出版社安排我参与工作，是领导对我的提携，是不知何时修来的殊胜因缘。

我们有编辑委员会，研究夫子的顶尖儿先生们。

我们现在希望，趁夫子不远，把夫子身后资料尽力多收，流布社会。这个是工作的核心。其他有些问题，都来得及改善，是我们的信念。我自己，是从认字开始，克服面前的困难，勉力而为。我只知夫子认识的字多，写法也变，还有别体讲究。我心如归依，扫地担柴，愿意一心尽力。

说起征集出版夫子的手泽，夫子似有预料，有言在先。

夫子在诗中说："或劝印全集，答曰殊不妥。"夫子觉得，除去中华书局的《丛稿》，其余"老来偶再观，惭愧逃无所"。

▲ 夫子购藏的水彩原作，左下有作者倒写签名。
夫子题之为"等待"，猫儿们等待老人有所收获。

▶ 夫子为我们写的一些"年号"

羊年大利
吉祥如意
啟功敬題

金龍集慶
庚辰新春
啟功恭賀

光明的卯歲
一九九九年新春
啟功敬題

金雞報曉
乙酉鳴春
啟功書賀

都不够格。荣宝斋收藏的早年山水，夫子健在时，说是少作，也不愿拿去参展。

虽然夫子自谦，但是有这个意见。

郑板桥先生编定自己的诗集，申明后人不能阑入自己的应酬之作，理由也是觉得那不够不朽的水平，爱惜自己羽毛。并且发狠话，说如果有人不听，"则死后变厉鬼以击其脑"。

夫子欣赏郑板桥先生，也持郑板桥先生的态度。但是，夫子还喜欢板桥诗，还自己收集板桥诗，在本子上自题《击脑集，郑板桥集外诗抄》。

援是例，我们也可冒击脑之讥，收集夫子作品。

现在的形式，是横排简体，这个有不同意见。横排，有些竖写的法书，排起来不符合老习惯。但也有好处，是 80 后新人方便阅读。

现在的开本，因为著作与作品统排，意见是有些不大不小。但可以体现夫子的学问与艺术一体，作品主要是著录性的，这样容量较大。

现在的重点，首先要征集广。相对于夫子自己不留，广结善缘的作品流布，征集不广就不可能完成工作。

其次是编辑认真，著作认真校字，作品努力辩真。说真的，我们过去排校粗陋有过羞辱，无事不难，要尽力认真。

前面说过，侯老八十年代开始，收集整理夫子资料，是我

们工作的基础。我自己想，侯老也和夫子有宿缘吧，侯老比夫子年轻且身体很好，对这工作多么合适。

这工作毕竟是"攒鸡毛凑掸子"的办法，夫子书法、画作、诗词、题跋，存量之大，流布之广，好像没有尽收之期。

编辑委员很多是夫子的学生故友，颇有些年事，而字字推敲，不仅是学养习惯，也是对夫子一往情深。柴剑虹先生每每不辞道远，而且行色匆匆。柴先生同时主持启老师、季羡老、冯其庸老全集，且兼敦煌吐鲁番学事务，退而更忙。剑虹先生等在书局的编辑工作，是我们这次工作的重要基础。

出版社开始征集工作时，在报纸发了启事，但当时主要靠侯老、景怀先生的线索，我们上门去找。后来工作发生影响，社会藏家纷纷上门，我们坐享其"拍"。

在寻访和征集中，接触很多人，是一个"关于夫子名誉的社会调查"。接触的人，有鸿儒巨子、引车卖浆之不同，所闻感受，都在私下，没有话筒，不填表格。众人所讲，共同的是钦佩先生。其中细节历历，我听大家重诉也为之感染。

有位张老先生，开一座酒楼，行动困难，亲自携作品送来让我们拍照。说夫子赠他三件书法，因为喜爱，因为没有夫子画作，拿两件换回两幅画一起珍藏。那是什么画呀，水彩色画

▲ 当代王羲之

◀ 抱蛙图

◁ "七人委员会"合影

在皮纸上，也是没法儿说。

一位三十多岁青年，专程坐火车从南方来，带副对联。十多年前，青年在美术学院读书，父亲病重，缺钱看病。关心青年的老师说，我不行，启功先生的字值钱，去求求他。青年就是这样找夫子的。后来父亲去世，而字没有舍得卖。

青年说，现在，他办公司很顺利，字就更不会卖了。他要留着手里的字，纪念父亲，纪念夫子。

夏天星先生雅好书画，勤奋努力终至成家。在年轻艺术稚嫩时期，尝向夫子请教。夫子有一件题跋，记录当时一位老者和年轻艺术家的交往。

无生活则无画境，无技巧则难表达。技术旧，则如陈词滥调；自创多，则常如语出杜撰，他人不解。必使技术来自生活，密合客观物系，而又以提炼出之，始称佳作。

天星同志出示近作，嘱申管见。因拈臆论于后。

一九八七年深秋

好几位藏家，如今已是夫子作品收藏丰富，卓然成家。讵知当年，都是某种因缘而在夫子身边，由向夫子索字求画起步的。他们将夫子大件作品搬进搬出，拆框装框，以为是为夫子出力。这些位先生的合作支持，情在夫子，我们都不好意思感谢。

　　夫子的文化交流，踪迹遍及东亚乃至世界。近来因作品升值，时常可以见到回流作品。虽然知道国外有夫子作品收藏，这些作品回流之富，还是使我吃惊。

　　夫子作品喜爱者众多，水平也参差不同。因为市场的推波助澜，收藏呈现多元景象，对书法人群满足需要，对传统艺术赢得赏音，未始不是一件好事。

　　其中我所惊奇的，是80后收藏家的表现。作为整体看来，80后不容小觑，可能是人群中素养最好的，现在也不能再欺他们年轻。其中有好之者，兴趣所在，强记广闻，出手每不让中老年。在搜检夫子遗墨之间，得到心仪作品，以市场养收藏，眼光练得越来越高。

　　我所佩服的，是他们从市场看作品，研究夫子之外，不在乎多研究几个夫子的影子，对影子们不能掩藏的特征，已经有些感应。经常有电话从各地打来，善意为我们指出，各种拍卖出现的最新仿作。甚至可以说出是哪个影子所仿，还在哪里出现，判定仿作的证据等等。真是天道人心，终有公正。

　　夫子身后，作品价格飙升，本是藏家喜事，转而不堪其忧。在作品万元时，会有几千元的劳动用以造假；目前夫子作品动辄数十万元的价格，其赝品制造不计成本，所造的逼真惟肖，可以想见。征集工作也深受其苦，夫子八十年代早期有些作品，因不常见，是假冒灾区。在侯老等老先生看来，

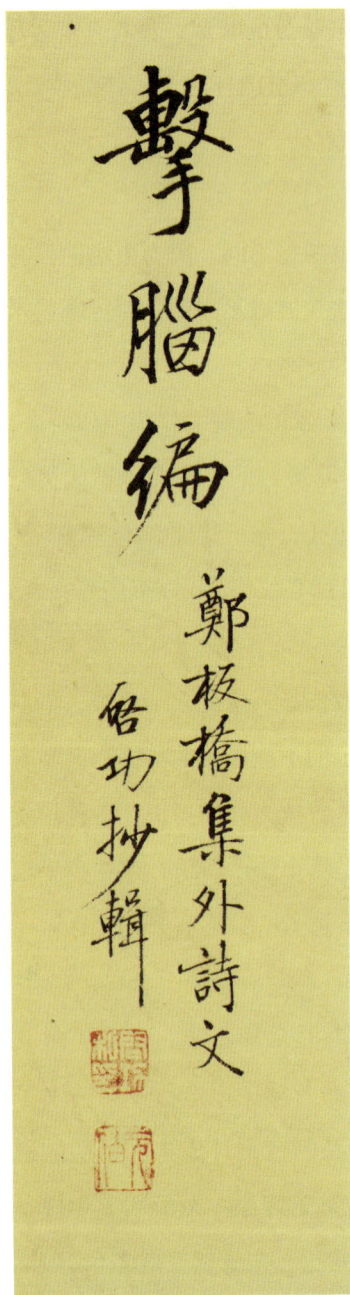

擊腦編

鄭板橋集外詩文

啓功抄輯

◀ 夫子抄集册自署题签

▶ 夫子与钟敬文老先生共同喜爱的《绿
云楼诗存》影件。敬老得之，欣喜
作诗。夫子为敬老录诗，复为敬老
抄集集外诗。二老玩儿得不亦乐乎。

余与敬老同爱绿云绝句，求其真意苦不得，敬之云
获此欣然私心恍以题句见示，目为录一。启功。

日前偶游上海古籍书店，购得拜著《绿云
楼诗存》。善装罕殊，作之纪记。
探脱天下英雄志，铁弹无情巨栋摧，自是胸中
富灵气，嘘成蕊朵彩云飞。
昔日连城视片羽，寄情北采摄心绕，申江今喜收全
豹，不负辛觉过卅年。
一九O二年十一月十五日 钟敬文题

绿云楼诗存

正月十六日雨

昨夜星光射孝陵，一城人买上元灯便恩寒食通州去细雨题

诗祭略丞

　　註　通州城东有鹤宾王墓

中冷二首

河自吐吞

萬里昆仑地底奔入江，誤触石蓮根遂令千古金山下日對天

古人一事未曾聽買兼自應陸羽經嘗龍雨花臺上水呼燕驰

馬到中冷

苦伯遗著

华丰印刷

绿云楼诗存

董狐绝祀寇纷纷谁道神羊入虎羣老友瘗骏今在否料应和

泪说孤云

次怪竹所纪詠菊原韵

一到春雷便努芽香從地坼霜蘭加般般儿女三年後解得黄

花是國花

機村將舍皖耕於其鄉嶽麓之野歌以綱之

生者易樹村死者徐伯孫一湘而一浙號爲龍爲蠶霍山百里

一雲起夜塞機陽門不壓更遣九子斷江水香流一弔君之身

父老爲種桃花米易歸載殉知己

　　註　易機村字自沙民元襄助先生辦理青年羣使因憤縷世俗踏海死

示蒯若末

身与徐地足夏憂舊事如灰大臣寒車月黄塵

寧張季直師

一江南北共全生涎盡中冷連来戌十載菰蘆妤風

硯銘

兩师先天下戕菰名

破山得龍驤出肝入世磨墨滂海乾坤沸騰生

微寒

以上三首見一九三五年之靈皋再徙序文中並三朱牧人雁門世

兄所編選者眉门者苦伯之子也。

这些假冒，完全照样复制，包括笔误漏字，被叫做"双胞胎"。这种情况，据我们见到，竟至有"六胞胎"的时候。市场逐利，疯狂如此。

编辑夫子书信手迹时，侯老贡献了保存的夫子手札。校对期间，因篇幅过大，有所割爱，删去中有一件即侯老保存者。此事是一般工作流程，大家初不为意。

书未付印，有藏家来示新收的藏品，侯老那件被撤下的夫子手札赫然出现。不解侯老何以开始出手，侯老拉开抽屉，不久前为拍照拿来的原札还在手边！

两相对照，惟妙惟肖，仅有两处有异。第一，原件于纸边有一句"又及"的话，赝品略去不造。第二，两扎均用绿格公共电车公司印制稿纸，仅小字印刷年份略差。研究至此，不觉一头冷汗。

试想，此件由侯老箧底至拍照校对，原件不离侯老而影件只经排校，已被撤下。慢说书尚未发，发时亦无此札。现在，赝品已经交易，赝作者窥探手眼定在身边，而我们浑然不察，能不令人凉气倒吸么！

夫子坚信"签字法律效力"，在刑侦动用之外，魔高还是道高，此间智勇之斗，已经冲突升级。

说到收藏之真赝，说不好要怎样的小心。有一张夫子和周培源先生合影，两人顾盼生动，像是在说相声。我偶然问："这么热闹，说什么呢？"

景怀先生喟叹到："我也问呢。先生说，是到医院看望病人，遇周先生也在，非拉到边上问他家里的藏品。"

"藏品怎么样呢？"我寻根儿。

"先生说，在他家看时就没有法儿说。这次遇到，还是问。只能胡扯，不能说。"

"怎么不能说呢？"

倾心尽力，金钱感情，事情有时候，已经到了层层堆积没法儿说破的境地。

夫子专论过鉴定之学，文章具在。而夫子身后，情况好像又要被夫子再次言中了。真赝幻化，都在人心。近来新闻说到，竟有以印刷品当做艺术品的情况，主要的意思都在利益上。

对于我们编选的作品，先生们一致的意见是"疑罪从有"，严防仿作。目前最大的担心仍然是，一点不小心，就有漏察的遗憾。

諸惡莫作
眾善奉行

唐鳥窠禪師開示白公樂天語

公元一九九零年冬日 啟功敬書

夫子书画

　　书，诸恶莫作，众善奉行。是一句声音很小，持久有力的话。
　　画，朱砂点染，一时兴味，真正的"只研朱墨作春山"。借由画镜，
才体会鲁迅夫子平静下来，也是旖旎才情啊。

服膺启夫子

夫子身边许多的人，都敬佩夫子的为人。可以感到，好些人因为与夫子的交往而言行受到敦厚温良的影响。我没有夫子耳提面命的缘分，但向往夫子的言行、道德，并感到自己为之改变。我曾经希望能梳理一下这种影响，可惜并不容易。

少年时期，我反复画过爱因斯坦的像，做过爱因斯坦的"粉丝"。之后没有再这样崇拜过什么人。

对于夫子，我觉得不是追捧的热情，是心智的服膺、佩服、服气，因为了解了夫子的处境和意气，深深敬服夫子的想法和做法。

我画过一张漫画，孔夫子在环形山中间。意思是想要了解孔夫子，你先要克服文字解释、他人诠释的阻力，象爬上环形山外坡。之后你就体会到孔夫子原本的恳切可人，感到有一种力量推动，从心里滚下环形山里坡，来到孔夫子面前。

夫子给我的感觉若此，只是不必爬坡。启夫子人品高格而谦己善下，好像一生把自己置于山谷巨坑之下，是老子上善若水，为溪、善下的智慧样板。夫子就在我们身边，没有攀爬的障碍，只觉一路滚跌直到夫子脚下。《人物志释争第十二》说："下众者，上之也。"夫子亲身教导我这个道理。

在我小学时候，见过许多衣衫不体面的人，自己敲了脸盆，走几步喊一声：我是牛鬼蛇神。后来到高中，邻居中增加了一些以前不认得的平反右派。这些人无论本事大小，接触起来的印象多是善良谦让的。后来生活中，见过很多见坡就上，没有坡创造坡也要上的人，不惜自己夸奖自己，而接触的印象反倒不堪。也许这是个我愿意为夫子所折服的个人因缘吧。

还是说一个具体的故事。

上世纪八十年代国门初开，夫子访问港澳。那时候，出境都是公事，国家有专门的"出国制装"制度，一律灰色西服。

夫子一行来到一位香港工商巨子的府上。进门人家就有利市，每位一个红包，首先就派夫子一个。夫子笑盈盈双手接下，口中称谢，随同也就依样接下。香港人家都有一个佛龛，在访问结束时候，夫子来到这家佛龛前，口称吉祥，将红包献于佛前。随同于是依样拜一拜，奉上红包。我初听这个故事，衷心佩服。

我觉得这做法充满智慧，是个快乐的故事，也是个机智内敛的故事。香港人送红包，一是有派利市的文化，也是对那时大陆客人收入微薄的体贴，有没有自得就不知道了。夫子不愿接受人家钱财，受礼是承情，敬神是恭敬。自爱与自尊，是从随和与通达中显露的。

人情与世故，最难是分寸。夫子的学问与艺术我辈不能懂

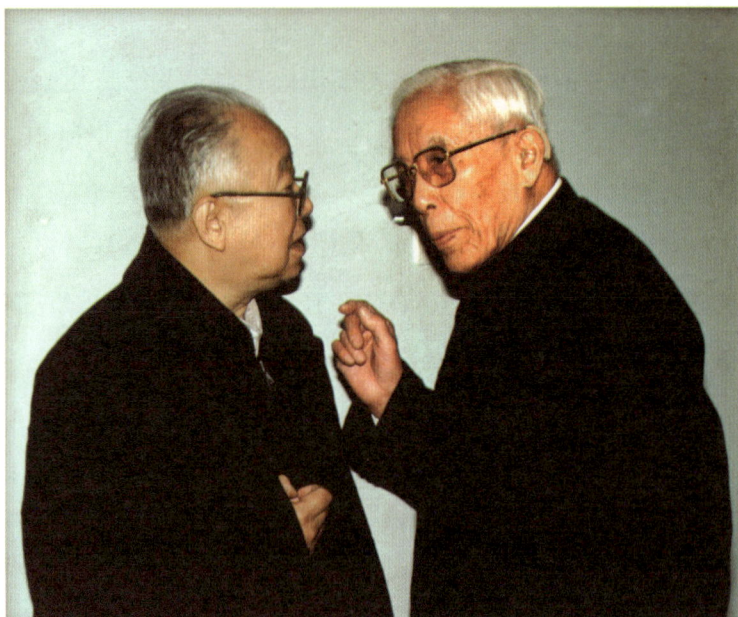

▲ 老先生们说相声之一：
夫子和周培源先生。
章景怀先生提供

▲ 老先生们说相声之二：
夫子和徐邦达先生。

王连起先生提供

得，而这样的珍视他人善良，不伤自己志愿的智慧，是我能懂得却做不来的。

做人岂能以财物论得失。夫子后来经济好转，拿钱帮助故旧是经常的事。了解实情的人都知道，夫子是报恩，是出于相互感情，并不是忽发或胡发慈悲。

夫子捐赠了一生珍爱的文物给国家博物馆，大家也知道，那是夫子爱惜那些文物，是珍重与物的情感，也不是概念上的大公。

身边的人几乎都有夫子赠送的法书，夫子是得人善缘，是广种福田，君了交友，而不是小施恩惠博人感激。

有人戏称夫子是礼品公司，因为夫子替学校、替有关机构写了太多作品送人。夫子的法书，当时已经有规定，没有正式手续海关不得出境。

有一次，夫子得意地给我们讲起，出关的时候，关检人员提醒夫子，您没有随身带了自己的字画吧——即使是您，没有手续也不能通关。夫子变色说道，还真带了。哎呦——海关人员的笑话卡壳——不好办了。夫子看制造的火候到了，于是举起手腕，摇一摇说：在这儿呢，带着这个不违反规定吧。这是一个诙谐的故事，夫子说自己喜欢淘气，于此可见。

夫子离世的那天中午，我打卡下班，到门口吃饭，忽然就听说夫子殁了。

其实，那一年夫子一直住院，应该说不能算做是意外。但仍然是突然的，是震惊的，是空的。

接下来帮忙吊唁活动，出版纪念文集。

我们有一本答应夫子出版的小书，是夫子手写的《般若波罗蜜多心经》。当时书还没有做完，所以心下十分茫然。傅璇宗老先生宽慰我们，说过去用朱砂写经，怀念和超度亡人。你们就当给夫子的供献吧。这样，书用朱砂印了，才好像完成了答应的事情，稍稍安心一点。

夫子的灵堂和追悼会，挂满挽联。件件叙说的，是夫子对世界和人心的影响。我寡陋，终于羞于挂出我的挽联，只是小小写了，自己收好。我服启夫子，我感念夫子的人生，对于我，是一个指标，好教每一天有一个安静的指望。

借这个稿子的机会，献上我的敬挽：

万峰传统，断崖卓立并传统；

九派品流，乱水终济上品流。

▲ 一张夫子会见我的照片，时间写在我的 T 恤上，
忘记了急急忙忙拜谒夫子是要做什么。

侯刚先生摄影

◀ 竹石图，夫子最喜爱的题材。

后 记

身在现实当中，有时候必要关心一下我们的世界。我会想到一个比喻：如粥的社会。

社会是一个大范围，就像是一锅粥，没有贬意。社会是发展的，有动力推动，也像是粥在火上煮。你感到的，常常很直观、很生动、很急迫，就像是粥沸起了泡沫，马上淤起锅盖。一事之起，自有因缘，就如水米遇热向上泛起。诸事交叠，其理不乱，就如泡各沸腾，冒气泛滥。一个泡儿的一生，微尘因一丝气体附丽，起自锅底。遇热膨胀，被粥托起。直至出粥自爆，放股热气。泡沫不能吃，乘一碗休想饱人，而泡沫之下，水米已化，其粥新成，适口养身。社会公共话语，常在"泡沫"范围，而用世生活琐屑，如王小波先生所说"沉默的大多数"，沉在锅底，无力喧腾。

勉强说：粥者沫之体，沫者粥之用。水米交融香气袭人之粥，必经泡沫沸腾盖掀自满之境。

幻想说：可期"理性"熬粥乎？使水米一起，长期冷泡。则纵使可得熟烂之粥，断然不得香气之性，且费时占锅，或竟酸馊菌生。

要言之：泡沫且自由之，着眼端在粥成。

以上离题万里，是我当下心情。写启夫子的一段时间，每在浮沉、实沫间来回，致有此感。

六年前清明过后一天下午，我友李斌兄邀我座谈，定在十二橡树咖啡馆。谈起才知，老兄专题命我记述启夫子，不似一般闲聊，竟自有注意事项若干。惊问何故，缘由在下平日口无遮拦，夫子事迹和小子妄评被我兄注意。这有何难，且待时日。我竟随口答应，无心以致如此。

又过两年，其间启夫子仙逝。李斌兄发来电子文件，附件是当年彼此谈话记录，已自录音整理成文！遂大惊！

开始写些小段。且与斌兄敷衍，说两天一段，何须一年；实情是一年易过，小段散落各个电脑以及纸片，印象颇有规模，其实收拢都难。

有秦兄者，名重而字曰千里，我与斌兄共同朋友。其人长于文史，善解分和，多有联合之事，主持纵横之刊。秦兄以约用相诱，使我收拢残稿，重新再干。

以上经过，据实记之。我有诤友如此，事后颇感不恶。恩不言谢，容当请客。

昔有弄文者，写夫子吃冰淇淋，塑料小盒，吃完开水涮碗，一并喝了。因论说夫子勤俭克己，注意节约云云。当时狂言不允，以为人之行为，全赖养成。夫子老辈道德，兼之寺庙沙弥出身，习惯如此，何须附丽。不见和尚舔碗么？何以竟至强加夫子提倡低碳以自圆。

及至此番到我，也是囿于教养，囿于心胸，囿于知见，囿于文风，虽心里五体投地，表彰夫子总弄得我挡夫子，明知我丑，无技躲身。更遑论夫子所求之文章读过而纸上无字的境界。强人轻易，怎奈自己做来才知人强。

自慰说，只看事实罢，夫子涮碗。

李可讲识于 2010 年　乾乾隅

启功先生的书法

启功先生（1912.7.26-2005.6.30），字元白，也作元伯。满族人，清世宗雍正的九代孙。启功先生幼承家学，一生保持了中国文人的精神气质，书法最具盛名。启功先生的书法作品，秀丽端庄，有法有理，是当代书法的标志性成就。

启先生年轻时的人生理想是做一个画家，后来书名盛过了画名。有一个广泛流传的故事，说启先生年轻时画儿很好，但长辈不让题字，刺激了启先生练字的热情。这个故事不宜以现在的情形理解。现在能够看到启先生不到二十岁时候的字，是极其规整漂亮的欧体。那为什么不能题画呢？可能是因为那时启先生掌握了书体规律，而尚少自己用笔的适意，写字"熟"或能及，"生"略欠之。另有一端，那时候传统浓厚，社会上多有法眼，要求和欣赏水平较高。可见，写字任笔而为是一失；而手下只有规律，用启先生的话说是"两处写的同一个字对着太阳都能套上"，机械呆板，没有个性，也是一失。

启先生是有自己书法理论的书法家。除了系统的论著，如《古代字体论稿》《论书绝句一百首》等，最著名的说法是"透过刀锋看笔锋""半生师笔不师刀"。有人说有清以降碑学一统天下，事实是帖学传统从来不曾式微。启先生以自己的亲身实践和经验，揭示了写字的秘密。

写字的基础，启先生有两个捅破窗户纸的有趣发现：

汉字并不是横平竖直的——横向右上斜，而竖有向背的不同；

汉字不是一个中心点，而是四个中心！——这使人想起中国画的散点透视。这的确更符合写字的事实、结字的规律。

当然，作为著名书法家，启先生首先是爱写字，字写得好。启先生有一首《贺新郎 癖嗜》，用"心房脑盖"形容对法帖的珍爱，书法的成就是由多年不计利害、痴迷其中得来的。启先生的作品深受人们喜爱，先生为人随和，有求即应，有很多书法作品流传。

启先生在《学书自述》中说："功学书初临欧颜石刻。苦不见其笔毫出入之迹。见赵书胆巴碑墨迹影本，剧好之。及观群书论赵字，多薄之，又复自疑。再师米董，又流于轻率。见唐人墨迹，始悟欧颜石刻如灯前壁上勾人影，不为不肖似，但不见血肉矣。发奋习智永千文墨迹本，偶得形模，离帖一无所似。今渐老矣，向日闻人评似某家而怫然不悦者，今觉皆不可及。强拟之则上类张得天，中近王梦楼，下堕潘灵皋，然未免仍有自夸处。"透过先生谦辞，可见先生学书路径和心中的书法标准。

启先生学画，有清晰的师承脉络。启先生学书，虽然得宜于早年身边的传统文人环境，却是发奋自学的。启先生书画的相通之处，是尊崇传统，谨守规矩。启先生到晚年仍然得意的是，冯公度先生评价二十岁启功的草书："这是认得草书的人写的草书。"

启先生认为写字应当把注意力用在学习中国书法传统上，个人意趣，是自然而然的，所谓"妙在能合，神在能离"。

启先生留下的法书作品，大致能分三个时期。中年阶段，字体较方，笔道略粗而匀称；老年阶段，字型略长，笔画粗细对比较强，即是大家熟悉的"启功体"；到了晚年，人书俱老，启先生九旬以后仍能作书，手略迟缓于心，可以另见启先生运笔结字的法度。

启先生一生执教，在学问和做人上，对青年人的影响甚于言教。启先生说自己不曾收过一个书法学生，先生却是一个书法教育家，先生以说破鄙陋，高屋建瓴的卓见传播书法传统。启先生写字每一笔画仔细认真，晚年临《阁帖》不辍，在为学校或中小学生写字的时候，一定是楷体字、一定是简体字，成为一种专门的书法创作。启先生用他的书法艺术和社会活动，发扬了中国书法在各国文化交流中的独特艺术价值，普及了书法艺术在现代生活中的传统审美文化。

原载《三希堂藏书书系·当代书法·启功卷》

启功先生的画作

启功先生（1912.7.26-2005.6.30）姓启名功，字元白，也作元伯。启先生以书法知名，而了解先生的人都知道，启先生更是一位画风独特的画家。

约在六、七岁的时候，启先生看到祖父画扇面，产生了强烈向往。先生也想像祖父那样，寥寥几笔，遂成心画。这向往之强烈，确定了启先生"做一个画家"的最初人生理想。十四、五岁，启先生正式拜师学画，先后接受了贾羲民、吴镜汀、溥心畲等先生的严格训练。到十八、九岁，启先生的画作已经有所成就，可以拿到画店，换一点家用了。

启先生一生珍藏一个小扇面，是祖父应启先生所求而作，记录了祖父画画对启先生的影响。祖父在扇面上题写："戊午中伏雨后，功孙乞画。为摹篱落间天然真景。写之扇头，记其年时如右。"

就在这个小扇面上，我们看到一方祖父的闲章：非曰能之。启先生十岁时，祖父去世了，这方闲章三十年代之后多次出现在启先生早年的山水作品上，见之令人动容。文化就是这样，代代相传，延续民族精神，常常也讲述家族的亲情故事。

现在可以看到启先生最早的作品，是十三岁（丙寅孟春）

时的一幅菊花，笔意严谨，是学校送嘉宾的礼品。启先生在学画的时候，常去琉璃厂一带南纸店，与多位店家建立了私交。据一位店东的后人讲，当年这位店东总劝启先生不要过于用功，心里想的是这个年轻人罕见的努力，怕要活不长。

荣宝斋现藏启先生二十五岁作丈二尺四条屏，青绿山水，每幅有溥雪斋先生题跋。见过作品可知当年的启先生虽然年轻，笔墨已经卓然成家。这个时候，启先生已经遇到了一生的老师陈垣先生，开始在辅仁大学执教，绘画事业也步入坦途。

上世纪三、四十年代，启先生活跃在中国画坛，列身于溥心畲、张大千等前辈大师的书画雅集，参加京城重要画展。那时的启先生创作达到高峰状态，精力充沛，画作颇丰，这从近年收藏界流布的启先生作品可以看出。一九五六年，国家有关部门邀请叶恭绰先生回国组织中国画院（现在北京中国画院），这是新中国将要成立的第一家画院。经叶先生与陈垣校长协商，请启功先生协助画院的筹备工作。这是启先生绘画事业的颠峰，却也是一场劫难的开始。在接下来的"反右"中，启先生被"没有现行"地补划为"右派"，挚爱的绘画事业也不能不终止了。

直到上世纪七十年代后期，略微有一些自为的空间，启先生偶尔技痒，零纸小笔，又有些作品。七十岁以后，启先生诗中说："老怀开得莫嫌迟"，迟来的春天使冰雪为之消融，才恢复画作。但此时启先生书名大盛，社会工作剧增，应酬字画接踵而至，作画的精力已嫌不够了。

启先生有一件题在早年作品上的题跋，写于一九八六年，可以看作先生绘画的宣言。跋中说："此仆旧作，暑年乙酉，盖为公元一九四五年吾生第三十四岁也。其时日集于宗老雪斋翁之松风草堂。翁写墨兰专宗元人，不作近三百年流派面目。功承指授而学步未能，今观此幅，徒增愧汗耳。"谦辞是启先生的语言风格，所谓雪斋翁不作近三百年流派面目，也正是启先生的夫子自道。启先生老年时期的画作，已经少见早年的文人山水，多了竹石题材。这些晚年绘画，在他一生追求的笔墨法度与点画适意之间，增加了更多胸中逸气和世事洞明。

启先生的绘画，成为典雅中国绘画传统的遗响，是当代中国画坛风采独具的大家。

原载《三希堂藏书书系·当代绘画·启功卷》

祭 夫 子

一个美术编辑眼里的启功先生

夫子殁了。魂兮归来！

我们，从此失去了一位难得的人生导师与生活楷模。

这几天，鲜花与挽联从设在北京师范大学英东学术会堂二层的灵堂，一直摆到了一层楼门的大厅；络绎不绝前来吊唁启夫子的人，都在谈论夫子的功德。夫子的法书、夫子的画艺、夫子的辞章、夫子的学问，是大家谈的最多的，也是如我这样晚生小子不能妄置高深的。

我说一点与夫子有关的琐事，一点琐事中我的感觉。

20多年前，我考上了北京师范大学，家乡一位九三学社的老师没有向我祝贺，却很兴奋地告诉我，可以见到启功先生了。这是我第一次听说启功的名字。到了学校，并没有马上认识夫子。只是第二年学校80周年校庆，我帮忙办展览，看到四个比斗更大的字："校庆展览"，落款署着启功。当时觉得字好，笔笔有力痛快，看过之后，竟把字反过来抹上糨糊，直接贴到了展厅的门框上面。这件事情后来一直让我觉得唏嘘，多年过去，有一次和夫子谈起，奇怪夫子饶有趣味好象听别人的事情。

留在学校宣传部工作之后，经常可以见到夫子。夫子到行政主楼来开会，有时会早来一会儿。每当这个时候，纸笔方便的话，就会有人请夫子写字。夫子也不推辞，兴致好的时候还主动给人家画张简单的兰草墨竹之类。我那时刚刚毕业，如果我叫启先生，夫子会和气地同我说话，像是熟人。这让我迷茫了许久，不知道夫子是否认识我。

几次在行政主楼遇到有人截夫子的暇空为自己鉴定字画或请教书法。有个先生拿一卷很粗的手卷，说是自己写的佛经，希望夫子过眼，意思是最好能在后面写一段题跋。夫子在手里很快地倒着手卷，听不很清地在嘴里念着。我凑上去，看到佛经写得很整齐，密密麻麻工工整整，心里自愧不如。忽然，夫子顿一下，说，掉了某一字，指一指，之后继续边倒边念。再念一阵，又是一顿，夫子用手指指着某一处，说这里掉了某字，好像败了兴致，不再继续，把手卷还给了主人。我的感觉是，写佛经的先生似乎并没有弄清自己掉了何字，也不好意思再请夫子题跋了。我在心里提醒自己，书法地写大段文字，不要掉字缺字才好。

有一次和夫子、以及学校宣传部的老师到前门办事，完事已经是午饭时间了，按规定午饭可以报销，于是大家来到一间饭店。过来一个女服务员，说是经理请大家上二楼雅间，经理只说是来了朋友。上到二层，菜已经在上，经理双手抱拳地走进来，说是启功先生来了蓬壁生辉云云，我看样子两人并不认识。经理很客气，一直招呼着，并且饭后坚决不收钱，执拗不过，便说启功先生如能亲赐一幅墨宝，就求之不得了。原来，隔壁雅间早已铺展了纸笔。夫子诚恳地解释了：没有带印章，改天一定遵命。经理是个雅人，没有勉强，一直送到楼下。后来我觉得奇怪，为什么这家饭店在高档的门厅设了一间礼品店。夫子请经理留步，说自己随便转转，度进了那间礼品店。那时是八十年代中期，我大约挣七、八十元工资，夫子花近四百元买一个玻璃圆球镇纸。我不太理解这镇纸何以这样贵，到了学校的汽车上，司机师傅也问是不是先生特别喜欢这款镇纸，才高价买下它。我记得非常清楚，夫子坚持地说这镇纸中看并不好用，送给司机师傅了事。

这些只是想到夫子的一些小事，写出来，我也担心不能说明什么。但在我回想这些事的时候，我真切地感到夫子生命的和谐与情感的力量，这可能就是人格的大道德吧。接近夫子，很容易感到夫子生命的从容与精彩，感到夫子生命明亮与动人的地方，不知什么事，让人感到痛快、舒服。接近夫子，让我懂得道德在有道之士的生命里，本身就是生动与有趣味的。和谐生命的道德，是人生艺术的一个部分。孔子说：庸言庸行。我感到在夫子寻常日子的一言一笑之中，充盈着夫子生命的有力与精彩。我崇拜夫子的艺术与学养，更崇拜夫子做人的道德。

后来我到学校的出版社工作，有机会更多地受到夫子的身教与言教。

出版社在初创的时期，夫子亲自带着社里的前辈，跑稿子、下工厂，这些事可以在前辈们的文章中看到。夫子手把手地和我们一起刷印了陈垣老校长的雕版著作集《励耘书屋丛刻》。

为鼓励出版社的业务开展，夫子把自己的著作交给草创不久的出版社出版。

有趣的是，九十年代出版社业务有所进步，学校给出版社一座独立的办公楼。夫子喜出版社所喜，专门到房山石料场为我们选回一对石狮子，镇在出版社大门两旁。我介绍北京一个仅此一处的人文景观，那就是北京师范大学出版社的一对石狮。那是怎样一对石狮呢，通体青灰，浑圆雍容，如威却喜，憨态可掬。我以为，见到这一对石狮，有助于理解夫子学问的讲究以及讲究的学问。石狮见得多了，让人感到即便是石狮子，张狂凶恶只会不威反丑，是没有文化的石狮子。

夫子自然也是得意，主动为石狮基座题字，右狮题"师垂典则"；左狮署："范示群伦"，好不典雅讲究。题刻既出，一纸风行，北京师范大学人人传诵，就连当年大学校长、党委书记袁贵仁先生见了，眼露羡慕，希望借夫子这款题词做北京师范大学校训。校训是要通晓明白的，日后知名度很高的北京师范大学校训"学为人师，行为世范"即是夫子由此石狮题署化来。

夫子道德文章我不能懂得，以一个美术编辑的眼界，我可以讲一点夫子牛刀小试做美术编辑的故事，可谓闻所未闻。

北京师范大学文学院教授聂石樵先生收藏一件夫子五十年代为学生拟订的复习提纲，你看那红笔蓝笔、横线竖线，强过美术编辑排表格，看来叫我佩服。夫子早年的理想是当一名画家，形象思维训练有素。夫子谈格律诗的上下对句，把它们比做两条竹竿，语音的音节对应竹子的竹节，形象鲜明就是明例。这当然是说明夫子的做学问认真与讲究，并不是真做美编。

1990年，我与朋友写了一本学写美术字的书，希望夫子为我题签。我把书稿呈给夫子。夫子的题字很快转来了，是一幅五言的律诗：

字形美与丑，观者心中有。

直尺与圆规，百花在其手。

碑额与印章，其妙在结构。

古今虽有殊，艺术无先后。

有哪位书家将书法艺术与美术字的规律做过比较吗？我要夫子一杯水，夫子给我多得多。

我复制一张夫子满桌稿子划版式的照片自己保存，那是1993年夫子为先师吴镜汀先生出画册的影像。夫子见到一件吴镜汀先生的遗作，高价购得，自费出版，以广先师作品的流传。夫子亲自划版式、看大样，此中有敬师深情大德存焉；划版排稿，只是事事躬亲，重温师恩的细节。

在《启功韵语集》里，夫子自况道："烟墨糨糊沾满手，揭还粘，躁性偏多耐。"做大学问的夫子，也做糨糊剪刀的能手呢。

北京师范大学出版社成立书画编辑室，计划成规模地出版夫子的著作。夫子对我们的选题给予了热情的支持。2001年7月，《启功临帖集》出版，我们给夫子送样书去，夫子一眼看到一枚置倒了的印章。我当时恨没有地缝可以容身，夫子只是用手边的毡头软笔把错误标出来，说，下次印的话改过来就好了。事后我知道，那个印面我一直没有认出来，莫名其妙地忙乱，就疏忽了；我想起那位写佛经手卷自己不能通读的先生，心中惭愧不已。

2003 年，最后终于战胜了"非典"，出版社决定出版一本文集以纪念。编辑请夫子题词，要求是下午五点提出的。第二天一早，夫子的战"非典"题诗送来了。九十一岁的老人，眼睛还不好，是夜里躺在床上"诗成仰面书之"完成的。全诗五言近四十句，仔细读来，战"非典"细节具体清晰，虽年轻力壮，谁能如此认真配合！？

今年以来，为整理夫子著作，夫子的家人交给出版社许多夫子早年的手稿，拍照编辑。我惊讶地发现，按年代计算，手稿当年的夫子比我年轻，学问已经好生了得。蝇头小楷批写的某碑的流序或某字的缺存，不仅法书精彩，见地也是一般学问难望项背。我一直存一个问题：夫子辈学人是怎样年纪轻轻做得深入学问的？

夫子的鼓励没有稍减，又交给我们《启功口述历史》《启功韵语集（注释本）》《启功讲学录》等著作。去年夫子的寿诞，又是我们送样书的时候，我总是怀一份希望大人给以青眼的孩子心情。夫子也是高兴的，夫子说：书不要作得厚重，薄一点、便宜一点，一本讲清楚一个问题就可以了。夫子房间的窗子是闭着的。听着夫子慢慢地讲话，看着夫子纤细雪白的稀发，在无风的屋子里随话语微微而动，我的心里满是温柔和感动。

这就是去年今日的事情。

　　今年今日，夫子驾鹤仙逝了。我总怀疑那些感情上过不去的现实，希望造化眷顾善良的愿望，夫子归来！。

　　心里有一些恍惚，感到夫子似乎是扩散了去，夫子的人格散漫在我的周围。"仰之弥高,钻之弥坚;瞻之在前,忽焉在后。"这是在说孔子，也是我感到的夫子。孔子为万世师表，终究是在修身上下功夫，通达仁慈，乐观知命，反观诸身，重在当下。夫子一样返躬求己，有一点和孔子一样，就是恭敬笃诚，一辈子兢兢业业做一位教师。

原载《光明日报》2005 年 7 月 7 日

《新华文摘》2005 年第 23 期

启元白先生年表

1912 年（壬子）7 月 26 日生于北京

　　启功的九世祖，是清雍正帝第五子，名弘昼，封和亲王。其后爵位累降，至曾祖溥良，辞封爵下科场，中进士入翰林。溥良由世子改立书香门第，至启功三代单传。

1913 年（癸丑）1 岁

　　父亲恒同去世。随祖父生活。

1915 年（乙卯）3 岁

　　为祈福，祖父安排启功到雍和宫接受灌顶礼，法号"察格多尔札布"（是金刚佛母保佑的意思）。有意思的是，雍和宫曾是启功十世祖雍正继承大统前的王府。

1922 年（壬戌）10 岁

　　祖父去世。家业衰落。启功由母亲克连珍和终生未嫁的姑姑恒季华抚养。

1924 年（甲子）~1926 年（丙寅）12~14 岁

　　在北京汇文学校读书。

　　幼年启功，受祖父熏陶，产生"做一个画家"的愿望。他在学校的习作，曾被学校选为礼品赠送嘉宾。

1927 年（丁卯）~1929 年（己巳）15~17 岁

经长亲推荐，拜贾尔鲁先生学画。贾先生解画才识超迈，常带启功到故宫博物院看陈列的古代书画，讲解笔法，为启功建立鉴定书画的基础。

贾先生介绍启功拜入吴熙曾先生门下。启功确立自己画理典雅、注重法度的文人画风格。

1930 年（庚午）18 岁

从戴绥之先生学习古典文学，习作旧体诗词。

受宗老溥心畬先生赏识，参加翠锦园文人雅集，得于名流张大千先生等交游。

参加溥雪斋先生发起的松风画会，自号松壑。

1932 年（壬申）20 岁

完婚。夫人章宝琛，满族，长启功两岁。

为维持生活，教家馆。时作书画，临习古典兼补贴家用。

1933 年（癸酉）21 岁

经傅增湘先生介绍，入辅仁大学教书。

开始受教于陈援庵先生，至 1971 年陈先生逝世，凡 39 个年头。

1935 年（乙亥）23 岁

任辅仁大学美术系助教，业余从事中国书画史研究和书画创作。

1938 年（戊寅）26 岁

任辅仁大学国文系讲师。

1946 年（丙戌）34 岁

任故宫博物院专门委员。

1949 年（己丑）37 岁

任辅仁大学国文系副教授兼北京大学国文系副教授。

1952 年（壬辰）40 岁

随辅仁大学调整合并入北京师范大学，任北京师范大学中文系副教授，讲授古典文学。

加入"九三"学社。

被选为北京市政协委员。

标点敦煌变文俗曲，同事有向达、王重民、周一良、曾毅公、王庆菽诸人。

为人民文学出版社《红楼梦》程乙本作注释。

1956 年（丙申）44 岁

升任北京师范大学中文系教授。

应叶恭绰先生之约，参加中国画院的筹备工作。

参加教育部视导团到广州、厦门等地视察师范教育。

1957 年（丁酉）45 岁

应文化部邀请，参加故宫博物院回收文物的鉴定工作。

母亲和姑姑相继去世。

1958 年（戊戌）46 岁

在北京中国画院被补划为右派

随即在北京师范大学教授职称被撤销。

1962 年（壬寅）50 岁

出版《古代字体论稿》。

完成《诗文声律论稿》，拖延不得出版。

1963 年（癸卯）51 岁

撰写《〈红楼梦〉札记》。

1966 年（丙午）54 岁

被视为右派和封建余孽，参加劳动改造，抄写大字报。

1971 年（辛亥）59 岁

借调参与中华书局整理出版《二十四史》和《清史稿》工作，负责标点《清史稿》部分。

1975 年（乙卯）63 岁

夫人章宝琛逝世，享年 65 周岁。

1976 年（丙辰）64 岁

北京师范大学恢复考试招生，获准重登讲台。

1977 年（丁巳）65 岁

《诗文声律论稿》出版。

《清史稿》标点工作结束，回到北京师范大学。

1978 年（戊午）66 岁

落实政策，恢复教授职称。

1980 年（庚申）68 岁

当选"九三"学社中央委员。

1981 年（辛酉）69 岁

《启功丛稿》开始出版。

任中国书法家协会副主席。

1982 年（壬戌）70 岁

创建北京师范大学古典文献专业硕士点，开始招生。

任北京市政协委员、北京市民族事务委员会委员。

1983 年（癸亥）71 岁

参与文化部文物局组织的中国古代书画鉴定组，甄别鉴定各博物馆收藏的古代书画作品。

日中文化交流协会邀请，在东京举办"启功书作展览"。

接待钟谷扇舟为首的日本书法代表团。

参加"九三"学社中央委员会组织的专家支持西部讲学团，赴呼和浩特、银川、兰州、乌鲁木齐巡回讲学，历时一个月。

1984 年（甲子）72 岁

任中国人民对外文化协会顾问。

北京师范大学古典文献专业被国务院批准为博士点，被聘为博士研究生导师。

1985 年（乙丑）73 岁

在故宫博物院参加海外回流王安石书《楞严经要旨》卷及宋龙舒本《王文公文集》的鉴定。

任中国书法家协会主席。

受香港中文大学邀请讲学，在港举办《启功书法展》。

被文化部聘为国家文物局鉴定委员会委员。

《启功书法作品选》出版。

1986 年（丙寅）74 岁

《启功书法选》出版。

被任命为国家文物鉴定委员会主任委员。

受香港书学会邀请访问、讲学。

受新加坡书学会邀请访问。

开始历任全国政协第五至第十届常委。

任全国政协书画室主任。

1987 年（丁卯）75 岁

为国家文物鉴定委员会鉴定北宋庆历四年何子芝造金银字《妙法莲华经》。

中国人民对外友好协会和日本日中友好协会联合举办《启功、宇野雪村巨匠书法展》，7 月在北京展出，10 月在东京展出。

1988 年（戊辰）76 岁

受荣宝斋（香港）有限公司邀请主持画展开幕式并鉴定书画。

为北京师范大学举办的全国首届书法教师讲习班授课。

1989 年（己巳）77 岁

《启功韵语》出版。

1990 年（庚午）78 岁

在山东主持国家文物鉴定委员会年会，向 19 位新受聘委员颁发聘书。

《论书绝句一百首》出版。

《启功草书千字文》出版。

1991 年（辛未）79 岁

《汉语现象论丛》在香港出版。

在北京师范大学设立"励耘奖学助学基金"，以纪念恩师陈垣先生。

任中国书法家协会名誉主席。

1992 年（壬申）80 岁

被聘为中央文史研究馆副馆长。

全国政协、北京师范大学、荣宝斋联合举办《启功书画展》，先后在北京、广州和日本展出。

《启功论书札记》出版。

《启功书画留影册》出版。

1994 年（甲戌）82 岁

受韩国东方画廊邀请交流书画。

荣宝斋与韩国东方画廊联合举办《启功、金膺显书法联展》，先后在北京和汉城展出。

《启功絮语》出版。

1995 年（乙亥）83 岁

受韩国总统金泳三邀请访问韩国。

《启功论书绝句一百首》出版。

《启功书画作品专集》出版。

《汉语现象论丛》出版。

1996 年（丙子）84 岁

受香港书学会邀请访问讲学。

赴美、德、法三国访问，并参观各国博物馆所藏中国书画。

1997 年（丁丑）85 岁

为北京师范大学题写校训："学为人师，行为世范"。

率代表团赴新加坡举办中央文史馆馆员《书画作品展》。

受香港商务印书馆邀请，出席庆香港回归暨商务印书馆建馆一百周年活动。

《启功论书绝句一百首》日文版在东京出版。

1998 年（戊寅）86 岁

为中国书法家协会中央国家机关分会举办书法讲座。

分别参加全国政协、中央文史研究馆、中国佛教协会、荣宝斋举办的赈灾书画义卖，捐献作品。

赴日参加日中友好会馆建馆十周年庆祝活动，举办《启功书法求教展》。

《当代书法家精品集——启功卷》出版。

1999 年（己卯）87 岁

《启功赘语》出版。

《启功丛稿》增补再版。

受国务院聘请任中央文史研究馆馆长。

受美国大都会博物馆邀请出席《中国艺术精华研讨会》。

2000 年（庚辰）88 岁

《启功三帖集》出版。

2001 年（辛巳）89 岁

获文化部兰亭终身荣誉奖，奖金捐赠北京师范大学励耘实验班学生。

《启功书画集》出版。

2002 年（壬午）90 岁

　　获文化部造型表演艺术创作研究成就奖，奖金捐赠北京师范大学励耘实验班学生。

　　《启功从教 70 周年学术思想讨论会》在北京师范大学举行。

　　《文史典籍课程导言》

　　《八病四声的新探讨》

　　《师大百年校庆私记》

　　《谈清代少数民族姓名的改译》四篇文章发表。

　　《启功书画展》在东方美术馆举行。

2003 年（癸未）91 岁

　　当选西泠印社第六任社长。

2004 年（甲申）92 岁

　　《启功讲学录》出版。

　　《启功口述历史》出版。

2005 年（乙酉）93 岁

　　1 月 21 日因病住院，6 月 30 日 2 时 25 分于北大医院逝世。

启功先生著作推广辞

《启功题画诗墨迹选》勒口	《启功先生讲学录》勒口
那时是青年学子	先生书艺天下知
理想做一个画家	人说启功即是当今王羲之
坎坷与执着	知者懂得先生画
遂使所成不只一个画家	明说画品量少应比书价大
如今有先生画在	要听先生自己说
品题伴法书诗词	职为人师人之所敬
早期和晚年	虚心向学安身立命
兴之所至总是典雅世界	一生教书七十年
诗词法书画作	人问我是启先生
三绝合一	师垂典则范示群伦
给我们一个好的心境	学为人师行为世范
所谓欣赏	先生之德高山仰止
诗情先自熏陶	先生讲书学生爱听
画境亦足游目	孔老夫子万世师表
书迹因循心迹	其实也是一位先生
体味艺术人生	

《启功韵语集》勒口

古典文学大家
五十岁时刊名著
——《诗文声律论稿》
当代文化名人
学问带进诗书画
——洛阳为之纸贵
这是
启功先生旧诗新注合集
学界公认旧体新作经典
有"卡拉ＯＫ"时代事
无"绿肥红瘦"唐宋腔
书读原创
愤如散宜生诗
悠有此韵语集
噫！淘尽南北书肆
五年可期其一二乎

《启功口述历史》勒口

启功先生
一生维谨经验见识
九旬晋二娓娓现身
学问与志趣
辛酸和旷达
天潢贵胄
生动鲜活的历史
独特人生
文坛艺林的轶事
艺术天才
师承师事的心血
书斋生活
百年心路的沧桑

《启功先生联语墨迹》勒口

联语

传统现代 最是雅俗共赏

墨书

修养娱乐 同样喜见乐闻

学养深

偶然至情消息

对句俏

仿佛游戏辞章

欣赏启功先生联语墨迹

学识与人事

心话和心画

文章练达

舒写笔柔划刚

世事洞明

妙搭绝对联章

艺术之美在形在意

人格魅力如琢如磨

《天马赋》勒口

米老传说珍宝世已不存

故使思翁此卷精致兼金

当时董老精临

励耘老人珍存

启功大师品题

乃和先生编印

——如今公诸于世

恍惚三百七十年矣

记录三位学人佳话

传布好米董者福音